Karl-Heinz Röhlin und Ruth Röhlin

DIE FRANKEN SIND WUNDERBAR

Eine heitere Liebeserklärung

Mit Illustrationen von Klaus Müller

wek-Verlag
Treuchtlingen–Berlin

Bibliografische Information der Deutschen Nationalbibliothek
Die Deutsche Nationalbibliothek verzeichnet diese Publikation in der Deutschen Nationalbibliografie; detaillierte bibliografische Daten sind im Internet über http://dnb.d-nb.de abrufbar.

Umschlaggestaltung und Prepress: wek-Verlag
Illustrationen: Klaus Müller
Druck: SDL Berlin
Printed in Germany

ISBN 978-3-934145-85-6

Geleitwort

Unter dem Titel „Die Franken sind wunderbar!" veröffentlicht das Ehepaar Ruth und Karl-Heinz Röhlin erneut ein Buch, das die fränkische Mundart und Lebensweise in den Mittelpunkt des Interesses rückt. Das heitere Psychogramm fränkischer Lebensart zieht einen Querschnitt durch die Irrungen und Wirrungen der Geschichte, denen die fränkische Seele seit jeher ausgesetzt zu sein scheint.

Dabei werden augenzwinkernd und in anekdotischer Art und Weise den Lesern die fränkischen Befindlichkeiten und die alltäglichen Belange, Stärken und liebenswerten Schwächen von Dialekt bis Streitkultur vor Augen geführt.

Ruth und Karl-Heinz Röhlin leisten mit ihrem Buch erneut einen wertvollen Beitrag zur Vielfältigkeit der Literaturlandschaft in Mittelfranken. Damit stimmen sie mit den kulturellen Zielen des Bezirks Mittelfranken überein, dessen Aufgabe es unter anderem ist, die Vielgestaltigkeit regionaler Kultur zu fördern und zu erhalten. Dafür danke ich den Autoren sehr herzlich.

Richard Bartsch
Bezirkstagspräsident

Inhalt

Vorwort

„Du weißt, dass ich die Franken liebe!" Diese Liebeserklärung des großen Theologen Philipp Melanchthon von 1553 findet im 21. Jahrhundert ungeahnte Zustimmung. „Franken ist wunderbar!" – in vielen Sprachen steht diese Einsicht auf handgeschriebenen Ansichtskarten, in Gästebüchern und im Internet. Bewundert werden nicht nur die Reize der fränkischen Landschaft und die Weltoffenheit der Fränkinnen und Franken. Immer mehr Menschen studieren die fränkische Geschichte. Sie interessieren sich für die fränkische Kultur vom „Fränkischen Sommer" bis zum goldenen fränkischen Herbst.

Eine unerwartete Renaissance erlebt die fränkische Mundart. Volkshochschulkurse für „Fränkisch in drei Tagen" sind stets ausgebucht. Zu Online-Kursen „Fränkisch für Anfänger" melden sich sogar Studenten und Studentinnen aus China an. Ganz neu sind die Erkenntnisse der fränkischen Tiefenpsychologie und der fränkischen Typologie. Sie werden in diesem Buch kurz vorgestellt, ebenso die Entwicklung der fränkischen Streitkultur und unsere Reformpädagogik.

Der Einsicht „Die Franken sind wunderbar" will dieses Buch dienen. Möglich ist dies, weil engagierte Frankenfreunde das Projekt unterstützen. Klaus Müller, Augsburg, danken wir für die fränkischen Karikaturen.

Karl-Heinz Röhlin und Ruth Röhlin

Unsere Ahnengalerie

Die Eurovisionsmelodie ist für mich die moderne Frankenhymne. Wir Franken und Fränkinnen sind überzeugte Europäer, von der Glatze bis zur Sohle, von der Dauerwelle bis zum großen Zeh. Wir sind weltoffen. Wir fliegen gerne fort, zu unseren französischen Freunden ins Limousin und zu unseren türkischen Freunden nach Antalya. Gerne besuchen wir unsere fränkischen Verwandten in San Fran(k)cisco und in Frankenmuth. Aber wir fliegen auch gerne wieder heim. Wir müssen ja den Garten gießen.

Die Welt kommt auch gerne zu uns, zum Beispiel die Japaner und die Chinesen. Sie fühlen sich bei uns wie zu Hause. Oder die Schwaben. Sie kommen gerne ins Fränkische Seenland, weil es dort wunderbar ist und preiswert. Wo kriegst du ein Seidla Bier und einen Schweinebraten für sieben Euro? Da freuen sich nicht nur die Schwaben.

Bei uns spielt die Musik

Auch die Franzosen kommen gerne nach Ansbach zu den „Rokokokoko-Festspielen". Sie sind fasziniert, wie Ansbach tanzt und lacht, in der Orangerie und im Hofgarten. Nach Bayreuth zum Wagner kommt die ganze Welt. Der Barack Obama aus Washington mit seiner Michelle, unsere Kanzlerin aus Berlin mit dem Thomas Gottschalk und die Carla Bruni mit ihrem Sarkozy. Über den roten Teppich laufen sie ein ins Festspielhaus und winken. Und die Leute klatschen und sie winken wieder. Dann müssen sie fünf Stunden Wagner hören, ohne Dehnübungen und Rückengymnastik. Das hält nicht jeder aus.

Deshalb fahren viele Leute lieber nach Nürnberg, zu Rock im Park, zum Bardentreffen oder zur ION, der Internationalen Orgelwoche. Nürnberg ist die europäische Hauptstadt der Musik. In welcher Stadt gibt es so viel Musik und Theater? Und den „Fränkischen Sommer" gibt es in Franken in jedem Dorf. Mein türkischer Freund, der Mustafa, schwärmt: „Nürnberg harika!" – Nürnberg ist herrlich. Der Mustafa muss das wissen. Er lebte acht Jahre in Gostenhof. Mein französischer Freund, der Jean-Claude aus Niort, sagte nach dem siebten Glas Rotwein einmal zu mir: „Mon ami, la Franconie est magnifique!" – Franken ist wunderbar! So sieht uns die Welt! Da können wir gar nichts dafür.

Nicht nur die Kultur und die Musik zeichnen uns aus, auch unsere Geschichte. Unsere geschichtlichen Wurzeln gründen tief. Über ganz Europa verteilt. Das Reich der Franken ist aus verschiedenen Stämmen langsam zusammengewachsen: den Saliern und den Salierinnen, den Merowingern und den Merowingerinnen.

Chlodwig I. und der Morlocks Max

Auf unsere Ahnengalerie im „Fränkischen Nationalmuseum" können wir stolz sein. Wissen Sie, wer in unserer Ahnengalerie alles hängt? Da hängt ganz am Anfang unser alter Frankenkönig, der Chlodwig I. Ein echter Merowinger. Er hat die Römer aus Franken vertrieben. Die Römer! Gleich neben Chlodwig I. hängt in unserer Ahnengalerie der heilige Kilian, obwohl er gar kein Franke ist. Er schaut etwas streng. Trotzdem hat er uns missioniert und kultiviert. Das brauchten wir damals. Denn wir „Franci" waren wirklich wild, vogelwild. Gleich neben dem heiligen Kilian hängt in unserer Ahnengalerie Karl der Große. Er setzte sich bei uns in Mittelfranken ein Denkmal, den Karlsgraben. Schon vor 1200 Jahren wollte Karl der Große den Main-Donau-Kanal bauen. Deshalb versuchte er die Rezat mit der Altmühl zu verbinden. Er, genauer seine Franken, haben es fast geschafft. Aber dann kam ein Sauwetter. Es regnete und regnete und regnete. Es hörte gar nicht auf zu regnen. Und wissen Sie, was dann passiert ist? Die ganze ausgeschaufelte Erde rutschte wieder in den Graben zurück. So geht das halt manchmal in der Geschichte: Da regnet es und regnet es und dann geht manches den Bach hinunter beziehungsweise wieder in den Graben rein.

Aber zurück zu unserer Ahnengalerie. Da hängt der Kaiser Heinrich II., der Mann von der Heiligen Kunigunde, der Kuni. Heinrich II. erhob Bamberg zum Bischofssitz und machte es zum Zentrum in seinem Reich. Wissen Sie, was dann geschah? Der Bischof von Bamberg, Konrad II., wurde zum Papst gewählt. Stellen Sie sich das vor! Ein Papst aus Franken! „Wir sind Papst!", so hätte die Bildzeitung damals getitelt. Eine tolle Schlagzeile.

In unserer Ahnengalerie im „Fränkischen Nationalmuseum" hängt der Erfinder des Globus, der Behaims Martin. Was beweist das? Das beweist, dass wir Franken schon lange global denken. Im

„Fränkischen Nationalmuseum" hängt der Adam Riese aus. Was beweist das? Das beweist, dass wir Franken rechnen können! Im „Fränkischen Nationalmuseum" hängt ein echter Weltmeister: der Morlocks Max. Was beweist das? Das beweist, dass der Club schon lange in der Champions League spielen müsste.

Im „Fränkischen Nationalmuseum" finden Sie noch andere bewährte Männer und Frauen: das Selbstbildnis von Albrecht Dürer, mit Pelzkragen. Sogar die Mutter von Martin Luther, eine geborene Lindemann, ist in unserer Ahnengalerie zu sehen. Sie kommt aus Unterfranken, aus der Nähe von Schweinfurt. Martin Luther ist ein halber Franke. Und wo übersetzte Martin Luther das Neue Testament ins Deutsche? Auf der Wartburg, nur wenige Flugminuten von der fränkisch-thüringischen Grenze entfernt. Darauf können wir stolz sein.

Zwangsfusion mit Bayern

In unserer Geschichte gibt es leider auch ein traumatisches Datum. Das Jahr 1806. Sie wissen, was da passiert ist? Da verkaufte uns der Napoleon an Bayern. Jedes Mal, wenn ich daran denke. spüre ich einen Druck in der Magengegend. Auch jetzt. Vielleicht sollte ich doch zum Arzt gehen. Wahrscheinlich würde er ein posttraumatisches Geschichtssyndrom feststellen. Doch zurück zum Napoleon. Nach der Zwangsfusionierung diktierte der Montgelas seine Verwaltungsreform. Er wollte sogar Nürnberg und Fürth zusammenlegen. Das schaffte er aber dann doch nicht.

Freilich profitieren wir Franken auch von der Zwangsfusionierung. Ohne die Fusionierung gäbe es die neue ICE-Strecke und das Fränkische Seenland nicht. Der Stoibers Edmund sagte im Wahlkampf sogar einmal: „Die Franken, äh, äh, sind die Speerspitze äh Bayerns!" Ein Riesenkompliment! Die Speerspitze ist doch ganz vorne. Der Stoiber wollte damit sagen: Franken und Fränkinnen sind scharf und spitze. Als Gebirgsschützenhauptmann muss der Stoiber das wissen.

Einige Monate stand sogar ein Franke, unser Günther, an der Spitze der bayerischen Staatsregierung. Aber das war für den Stoiber dann doch zu spitz. Deshalb sorgte er in oberbayerischen Hinterzimmern dafür, dass die Speerspitze nicht fränkisch blieb.

Kärwa in Shanghai

Trotzdem entwickeln sich die fränkischen Perspektiven weltweit positiv. Das Hilton in Shanghai plant die erste fränkische Kirchweih in China. Auf dem großen Platz hinter dem Hilton wird ein fränkisches Dorf aufgebaut, mit Dorfkirche, Pfarrhaus, Schulhaus, Feuerwehrhaus und einem riesigen Festzelt. Vier Wochen dauert die fränkische Kirchweih in Shanghai. Pro Woche wird ein Posaunenchor oder eine Blaskapelle aus Franken eingeflogen. Sie spielen fränkische Kirchweihlieder, von „Hei-ei-ei-ei, die Gaaß is gfreggd" bis „Heid is Kärwa, morgn is Kärwa, iebermorgn den ganzn Dooch...". Im Festzelt gibt es Ökoprodukte aus Franken: Ökobier, Biosprit und Biospargel. Um 24 Uhr ist Sperrstunde. Da greift die chinesische Polizei hart durch. Über Lautsprecher fordert sie die Nüchternen auf, das Festzelt zu verlassen. Die Betrunkenen werden aus dem Festzelt getragen und in Kasernen gebracht. Dann stellen Ordner die Sitzbänke auf die Tische und sammeln die Maßkrüge ein. Die Blaskapelle spielt dazu die „Internationale" und der Dirigent singt das Frankenlied.

Unsere Mund-Art

Wenn Sie mich fragen, ob es die „Fränkische Ah-nengalerie" wirklich gibt, muss ich sagen: „Nein!" Wirklich gibt es sie nicht, aber virtuell. Allerdings sind die Grenzen zwischen wirklich und virtuell ohnehin fließend. Der moderne Franke verbringt am Tag vier Stunden im Internet und zweieinhalb Stunden vor dem Fernseher. In zehn Jahren leben wir überwiegend in der virtuellen Welt. Deshalb ist es sinnlos, Geld für unsere Ahnengalerie aus-zugeben. Im Internet ist sie unter www.fränkische-ahnengalerie.de zu finden. Sie können die einzel-nen Bilder anklicken und mit ihnen in den „Chat-room" gehen. Dort können Sie mit den Promis plaudern.

Im Chatroom

Ich war mit dem heiligen Kilian, dem Dürers Al-brecht und der Mutter von Martin Luther im Chat-room. Den heiligen Kilian fragte ich, warum er so streng schaut. Seine Antwort: „Weil Franken wie-der Missionsgebiet geworden ist!" Zum Dürers Albrecht sagte ich: „Ihr Selbstbildnis gefällt mir, nur der Pelzkragen schaut komisch aus!" – „Lieber ein Mann mit Pelzkragen als mit Geizkragen!", so unser Albrecht. Das Gespräch mit Luthers Mutter war hoch interessant. Sie beschwerte sich, weil sie als einzige Frau in der Ahnengalerie hängt. „Die Frauen machen die Arbeit, aber in den Geschichts-büchern stehen nur die Männer!" Dass Luthers Mutter aufmuckt, hätte ich mir denken können. Aber wo sie Recht hat, hat sie Recht.

Ich kann Ihnen nur empfehlen, mit den Promis in unserer Ahnengalerie zu chatten. Nur mit dem Morlocks Max geht das zurzeit nicht. Der hängt in der Alten Pinakothek in München neben dem Kaiser Franz. Ein tolles Paar! Wir können nur hoffen, dass der Max unverletzt zurückkehrt. Aber nun zur Geschichte unserer Mundart.

Die schönste „Schbrooch"

Woher kommt unser wunderbarer Dialekt? Als Theologe kann ich das nur so erklären: Als am achten Schöpfungstag die Dialekte vergeben wurden, gingen wir Franken leer aus. Kein Dialekt für uns. Das war natürlich ein schwerer Schlag. Manche von uns weinten. Andere waren tief beleidigt. Eine Franke sagte zum Herrgott: „Das ist eine Riesensauerei! Immer werden wir vergessen! Wir wollen auch einen Dialekt!" – Der Herrgott zögerte kurz. Dann antwortete er: „Wissd ihr wos, waafd hald einfach su wäi ich."

15

Seitdem zeigen wir auf fränkisch unsere Stärken. Für die Gäste aus anderen Bundesländern erkläre ich unsere Mundart so:

Beim Reden, das wird jeder merken,
zeign wir auf fränkisch unsere Stärken.
Sagn wir statt hartem „te" ein „de",
tut dies gewiss niemandem weh.
Auch umgekehrt wird das passieren,
deswegen tu ich mich nicht genieren.
Speziell beim „el" im Klang und Ton,
spricht aus mir der Frankensohn.
Mein „ka" mutiert ganz weich zum „ge",
auf fränkisch klingt das wirklich „schee".
Und aus dem „a" da wird ein „oo";
aus „jedermann" wird „jeeder Moo".
Aus dem „o" wird oft ein „u";
aus „das geht so" wird „des ged su"!
Auch Englisch sprech ich ungehemmt,
mit dem fränkischen Akzent.
Läb-dob, Ie-Mail, ol dogesser,
klingt auf fränkisch einfach besser.
Fränkisch ist die schönste „Schbrooch",
für den, der's konn und den, der's mooch.

Wir können für unsere Mundart nur froh und dankbar sein. Dankbar und froh.

Fränkische Grammatik

Wie in jeder Weltsprache gibt es natürlich auch in unserer Mundart Ausnahmen, zum Beispiel unregelmäßige Hauptwörter. Da wird dann das „o" nicht zum „u" wie bei der Hose, die zur Huusn wird. Und das „a" wird nicht zum „o" wie beim Hasen, der bekanntlich zum „Hoosn" wird. Schauen wir uns einige unregelmäßige Hauptwörter genauer an, zum Beispiel „Chor". Posaunenchor heißt auf fränkisch „Bosaunachor". Da wird das „o" nicht zum „u". „Ich spiele im Posaunenchor" heißt also nicht „Ich schbill im Busaunachur"! Oder in der Musik, bei Dur und Moll. Moll bleibt Moll, wird also nicht zum Mull und Dur bleibt Dur.

Ganz unregelmäßig, also ein doppelt unregelmäßiges Hauptwort ist „Tor". Das Hoftor heißt „Hufdur". Die Aufforderung: „Karl, schließe bitte das Hoftor!" heißt: „Koarl, hau endli des Hufdur zu!" Das Fußballtor dagegen wird nicht zum „Dur". Der Fan im Stadion schreit nicht: „Dur! Dur! Dur!", sondern: „Door! Door! Door!"

Für Patienten ist wichtig, dass beim Darm das „a" bleibt. Ebenso bei „warm". Es heißt also nicht: „Ich habe einen wormen Dorm!" sondern: „Ich hab än warma Darm." Der Magen wird allerdings zum „Moong". Mein Magen ist heute verstimmt, heißt: „Mir is zon kodzen." Die unregelmäßigen Hauptwörter muss man lernen, da hilft alles nichts. Es gibt aber eine fränkische Eselsbrücke: „Bei Darm, Chor, Moll und Door bleibt alles so wie's woar."

Nun aber zum fränkischen Konjunktiv: hätte, könnte und würde. Die Praxis zeigt, dass der Franke gerne im Möglichen schwebt, also in der Möglichkeitsform spricht. Ein typisch fränkischer Heiratsantrag lautet: „Was dädsd nern du soong, wenn ich dich froong däd, ob du mich heirodn dädsd?" Diese Formulierung zeigt, wie vorsichtig der Franke ist. Zum Glück verstehen die Fränkinnen den männlichen Konjunktiv, sonst wären wir Franken schon längst ausgestorben.

Auch unser Satzbau weist einige Besonderheiten auf, ist in der Regel jedoch klassisch: Dem Subjekt folgt das Verb. Ein bekannter Satz lautet: „Der Hund beißt!" Diese Warnung ist unbedingt ernst zu nehmen. Da wir Franken genauer wissen wollen, wen der Hund beißt, folgt die Satzergänzung: „Der Hund beißd dem Postboden." Hier zeigt sich unsere Scheu vor dem Akkusativ. Im Fränkischen ist der Dativ dem Akkusativ sein Tod.

Der Franke und die Fränkin fragen gerne weiter: „Wen sein Hund beißd dem Postboden?" Antwort: „Dem Nachbarn sei Hund beißd dem Postboden!" Hier zeigt sich die Scheu der Franken vor dem Genitiv und erneut die Sympathie für den Wem-Fall. Wieder siegt der Dativ und wird diesmal dem Genitiv sein Tod. Manche fragen sogar noch weiter: „Wouhie beißd der Hund dem Postboden!" Antwort: „In sein Oarsch." Der vollständige Satz lautet dann: „Dem Nachbarn sei Hund beißd dem Postboden in sein Oarsch." Ein klassisch-fränkischer Satz mit Subjekt – Prädikat – Objekt, bei deutlicher Dominanz des Dativs.

Nichts ist perfekt

Eine weitere Spezialität ist unser berühmtes Imperfekt. Es drückt eine unabgeschlossene Handlung aus. Wenn etwas noch nicht fertig ist, sagt der Franke: „Nuni gans!" – Stellen Sie sich folgende Situation vor: Der kleine Franke, so zwei, drei Jahre alt, sitzt auf dem Nachttopf und drückt. Die

Mutter fragt ihn: „Schätzle, bist du mit deim Stinker fertig?" Antwort: „Nuni gans!"

Oder: Der Franke kommt von der Arbeit nach Hause, hängt seine Jacke an die Garderobe. Auf die Frage, ob das Essen schon fertig sei, antwortet seine Frau: „Nuni gans!" Oder stellen Sie sich ein fränkisches Dorf in einer kalten Winternacht vor. Am Samstag. Es schneit. Der Mond steht am Himmel. Nur im Pfarrhaus brennt noch Licht, im Studierzimmer des Pfarrers. Die Turmuhr schlägt zwölf Mal. Immer noch brütet der Pfarrer über seiner Predigt. Da steckt seine Frau den Kopf durch die Tür und fragt verführerisch: „Schatz, bist du mit deiner Predigt endlich fertig?" Die Antwort kann nur lauten: „Nuni gans!"

WIE SIE SEHEN – ALLES GANZ EINFACH. ABER...

Das fränkische „Nuni gans" zeigt, wie unfertig unser Tun und Trachten ist, vom Nachttopf über den Kochtopf bis hin zu Predigt. Im Leben bleibt vieles unvollendet. Ein Oberlehrer aus Schlauersbach entdeckte im fränkischen „Nuni gans!" ein philosophisches Prinzip: „Wos ich woar, bin ich nemmer! Wos ich bin, bleib ich ned! Wos ich sei kennerd, bin ich nuni gans." Das ist die hohe Schule der fränkischen Philosophie.

Der fränkische Komponist Konrad Katzenköder vertonte dieses „Nuni gans" in seinem 491. Klavierkonzert in C-Dur. Wie junge Rehe springen uns in diesem Spätwerk die Töne entgegen. Leider blieb auch dieses Klavierkonzert unvollendet.

Philosophische Adern

Unsere Liebe zur Weisheit zeigt sich auch in den fränkischen Kirchweihliedern. Diese Lieder werden nicht in der Kirche gesungen. Sie haben auch nichts mit der Weihe der Kirche zu tun, vielmehr fassen sie wichtige Lebenserfahrungen zusammen.

„Die Kärwa is kumma, die Kärwa is doo; die Oldn, die brumma, die Junga sin froh."

Was sagen uns diese Zeilen? Hier wird klar und deutlich der Generationenkonflikt angesprochen. Die ältere Generation sieht manche Exzesse der Kärwa durchaus kritisch. Dennoch ruft sie nicht nach dem Gesetzgeber oder gar nach der Polizei. Nein, die Älteren belassen es bei dem „Brummen". Sie wissen, wir müssen uns mit der jungen Generation arrangieren. Eine tiefe Einsicht.

Wie reagiert nun die jüngere Generation? Sie hört selbstverständlich das „Brummen". Dennoch genießen die Jugendlichen das Kirchweihtreiben und singen: „Ich wolld, ich wär im Himml drom und hädd a Fässla Bier; ich reiderd auf den Wolgn rum und sauferd wie ä Stier!" Dieser Reim zeigt den Freiheitsdrang der fränkischen Jugend, ja sogar einen Hauch von transzendenter Sehnsucht. Die Jungen setzen sich über die Kritik der Alten hinweg und toben sich aus. Ein notwendiger Ablösungsprozess.

Manchmal handeln die Kirchweihlieder auch vom spannungsvollen Miteinander von Mann und Frau:

„Im obern Dorf, im undern Dorf, doo waxn weiße
Ruum, und wenn die Madli Kinner grieng, dann
schiebn sie's auf die Buum."

Hier ist eine ungewollte Schwangerschaft das
Thema. Wir alle, Männer und Frauen, können uns
in diese Situation gut einfühlen. Selbstverständlich
übernimmt jeder Franke immer und überall Ver-
antwortung. Selbstverständlich steht jeder Franke
zu seiner schwangeren Freundin oder Braut. Ganz
klar. Das will dieser Reim auch nicht in Frage stellen. Der folgende Vers singt dann auch von der
verantwortungsbewussten Reaktion des Franken:
„Im obern Dorf, im undern Dorf, doo wäxd das
Sauerkraud. Und wenn der Franke Vadder wärd,
schdäd er zu seiner Braud."

Unter die Gürtellinie zielen die Kärwalieder erst nach der fünften Maß Bier. Das klingt dann so:

„Gestern bin ich bodn ganga, in äm diefn Weiher; hoggd a Frosch sich af mei Stanga und beißt mich in die Eier."

Was für ein Vers! Voll männlicher Erotik. Voller Selbstironie. Er zeigt uns den Franken als Nacktbader. Mutig steigt er ins kühle Nass. Er hört die Frösche und steigt noch tiefer ins Wasser hinein. Er sieht sogar die Frösche und geht trotzdem weiter, bis ihn ein Frosch in sein bestes Stück zwickt. Wir wissen nicht, wie diese Szene weitergeht. Wahrscheinlich verscheucht der Franke den Frosch und taucht in die Fluten des trüben Wassers hinein. Von einem Frosch, wo immer er auch sitzt, lässt sich ein Franke nicht aufhalten.

Die Weisheit der Kirchweihlieder lehrt uns weiter, dass wir manchmal sogar mit Unterstellungen leben müssen:

„Wenn mei Nachbar numol sochd, ich hädd's mid seiner Maad, dann steich ich iebern Gardnzaun und scheiss af sein Salad."

Was für eine infame Unterstellung des Nachbarn! Wieder zeigt es sich, dass der Franke von Rechtsmitteln nicht viel hält. Er wehrt sich stattdessen mit einer Symbolhandlung, deren innere Logik überzeugt. Er düngt den Salat des Nachbarn mit seinen Exkrementen. Lediglich der Sprung über den Gartenzaun kann als Grenzüberschreitung interpretiert werden. Die gute Absicht, den Salat zu düngen, stellt juristisch gesehen jedoch ein höheres Rechtsgut dar. Wie immer die juristische Bewertung ausfällt, dieser Vers zeigt, wie klug wir Franken uns gegen gemeine Unterstellungen wehren.

Ein Klassiker unter den Kirchweihversen ist der „Alde Reisbrei". Die Textstruktur ist einfach und eingängig:

„Wir ham dahamm än aldn Reisbrei. Mei Vadder hod gsochd, den schüdd mer in Guss nei. Mei Mudder hod gsochd, den demmer bhaldn, den Reisbrei, den aldn."

Wieder begegnen uns Mann und Frau mit unterschiedlichen Positionen. Der Vater spricht sich für die Entsorgung des Breies aus. Die Mutter plädiert für die Aufbewahrung. Position gegen Position. Wie lässt sich diese Spannung auflösen? Offenkundig wird diese Meinungsverschiedenheit aus der Perspektive eines Kindes erzählt. Die Rede vom Vater beziehungsweise der Mutter weisen darauf hin. Eine Lösung des Streites könnte darin bestehen, dass das Kind sich in den Konflikt einschaltet und seinen Appetit auf den Reisbrei bekundet. Das wäre die einfachste Konfliktlösung.

Hält sich das Kind aus dem Streit heraus, dann wäre ein Kompromiss möglich. Vater und Mutter könnten sich dafür entscheiden, einen Teil des Reisbreis zu essen und den anderen Teil zu entsorgen. Der überlieferte Vers bietet jedoch keine Lösung an. Im Gegenteil. In dem Lied vom „Aldn Reisbrei" wird ohne Ende derselbe Text wiederholt. Nur die Verszahl wird dazwischen gesungen: „Des woar der erschde Vers vom aldn Reisbrei. Edzd kummd der zweide Vers vom aldn Reisbrei." – „Wir ham dahamm an aldn Reisbrei..."

Was will uns dieses Lied sagen? Ich höre hier die tiefe Weisheit heraus, dass viele Gegensätze im Leben nicht zu überbrücken sind. Position und Gegenposition lassen sich oft nicht auf einen Nenner bringen. Unser Leben ist paradox und widersprüchlich. Wir selbst stecken voller Widersprüche. Das müssen wir aushalten. Damit müssen wir leben, wie mit dem alten Reisbrei. So ist gerade dieses Kirchweihlied ein wunderbares Beispiel für unsere philosophische Ader. Nach wie vor ist dieses Lied unter den „Dob-Den" der fränkischen Hitparade platziert. Die englische Version erobert gerade die amerikanischen Charts.

Herz ist Trumpf

Eine echte fränkische Spezialität sind unsere kurzen Antworten. Sie zeigen: Wir Franken sind sparsam. Wir sparen sogar Worte, nicht selten Komplimente. „Bassd scho!" ist das größte Kompliment, zu dem Franken sich hinreißen lassen. Es drückt hemmungslose Begeisterung, fast schon Ekstase aus. Stellen Sie sich vor: Die Fränkin kauft sich vor dem Sommerurlaub einen neuen Bikini. Zuhause führt sie ihn ihrem Mann vor. Brummt er: „Ned schlechd!", dann ist seine Frau überglücklich. Sie weiß, ihr Mann ist hellauf begeistert.

Unsere Hmnologie

Eine typische Antwort ist das einfache fränkische „Hm!". Der Franke gebraucht es häufig am Samstag beim Frühstück, wenn seine Frau ihn fragt: „Schatz, gehst du nachher mit mir zum Einkaufen?" Antwortet der Franke mit einem hellen, langgezogenen „Hmm", dann heißt das: „Ja, Schatz, ich gehe sehr gerne mit dir einkaufen!" Brummt er aber ein kurzes, dunkles „Hm!" verbunden mit einem angedeuteten Kopfschütteln, bedeutet das: „Nein! Lass mich doch in Ruhe. Ich möchte lieber Zeitung lesen."

Das doppelte „Hm, Hm!" drückt Überraschung und Erstaunen aus: „Was, du willst heute schon wieder einkaufen?" Zu einem dreifachen „Hm, Hm, Hm!" lässt sich der Franke selten hinreißen. Es kommt aber dennoch vor, beispielsweise beim Einkaufen in einem Modehaus. Wenn die Verkäu-

ferin ihm schmeichelt: „Das Sakko steht Ihnen ausgezeichnet. Es passt zu Ihrer tollen Figur." Dann
bedeutet das dreifache „Hm, Hm, Hm!": „So ein
Saugschmarri!"

Die fränkische Sprachforschung entwickelte aus
dem einfachen „Hm", dem doppelten „Hm, Hm"
und dem dreifachen „Hm, Hm, Hm" eine Hmno-
logie. Sie ist inzwischen wegweisend, auch für die
Schwaben. Allerdings verzichten die Schwaben
aus Gründen der Sparsamkeit auf das dreifache
„Hm, Hm, Hm!"

Entschuldigung, mein Handy klingelt. „Ja, hm,
hm, hm. O-o. Hm. O-o-o-o-o. Hm. Also naa. O-o-o.
Hm, hm". Das war meine Frau. Sie hat erzählt,
dass ihr im Supermarkt der Einkaufswagen ab-
handen kam. Gott sei Dank vor der Kasse. Na ja,
vielleicht verwechselte ihn irgendein Professor.
Mir ist das auch schon passiert. Allerdings be-
merkte nicht ich, sondern meine Frau zuhause die
Verwechslung. Seitdem schickt sie mich nicht
mehr zum Einkaufen.

Die „Bumbl" und die „Alde"

Nun aber muss ich Sie unbedingt mit den Ge-
heimnissen des Schafkopfspielens vertraut machen. Beim fränkischen Schafkopf heißt die Schell-
Ass „die Bumbl". Ich spiele mit der Schell-Ass
heißt: „Ich schbill mid der Bumbl." (Das ist die
Ass, wo der Hund schräg draufsitzt.) Warum die
Schell-Ass zur „Bumbl" wird, ist noch nicht genau
erforscht. Es gibt lediglich vaginale Vermutungen.

Die Grün-Ass heißt beim fränkischen Schafkopf
„die Blaue". Ich spiele mit der Grün-Ass heißt: „Ich

schbill mid der Blaua." Warum wird die Grün-Ass zur „Blaua"? Nun, was fällt Ihnen bei Blau ein? Genau: Der blaue Himmel, das blaue Meer, der blaue Planet. Die Farbe Blau ist weit verbreitet. Statistisch gesehen ist Blau die beliebteste Farbe. Blau ist außerdem die Farbe der Treue. Deshalb spielt der Franke gerne mit der „Blaua".

Nun zur dritten Abweichung beim Schafkopf, zur Eichel-Ass. Die Eichel-Ass heißt beim fränkischen Schafkopf die „Alde". Ich spiele mit der Eichel-Ass heißt also: „Ich schbill mid der Aldn". Wie ist diese Abweichung zu erklären? Warum vermeidet der Franke, und hier rede ich bewusst nur von den Männern, das Wort „Eichel"? Dafür gibt es nur eine psychologische, genauer eine tiefenpsychologische Erklärung. Stellen Sie sich bitte vor:

Vor 50 Jahren sitzt ein kleiner Franke, zwei oder drei Jahre alt, in der Badewanne. Er planscht fröhlich herum. Er jauchzt. Er spielt mit seiner gelben Plastikente. Seine Mutter seift ihn ein. Da klingelt es an der Wohnungstür. Die Mutter sagt zu ihm: „Ich geh jetzt und mach die Tür auf, aber spiele nicht mit deiner Eichel." Der kleine Franke weint, gehorcht aber, obwohl er gerne mit seiner Eichel gespielt hätte. Dieses Verbot der Mutter hat fatale Folgen. Der kleine Franke verinnerlicht das Verbot, nicht mit der Eichel zu spielen. Schlimmer noch, als Erwachsener wagt er nicht einmal mehr das Wort „Eichel" auszusprechen. Deshalb spielt er beim Schafkopf mit „der Aldn". „Die Alte" ist ein Kryptonym für Mutter. Mit der Alten, also mit seiner Mutter, darf er spielen. Sie hat mit ihm gespielt: Memory, Halma und „Mensch ärger dich nicht". Es ist wichtig, dass die Fränkinnen hier ihre Männer verstehen. Bitte drängen Sie ihre Männer nicht dazu, mit der Eichel zu spielen. Sie stürzen sie sonst in Verlegenheit.

Zur Herz-Ass, zur Roten, sagen die Franken wie alle anderen Volksgruppen „Herz-Ass". Beim Schafkopf, wenn wir Franken zu viert spielen, ist Herz immer Trumpf. Das lässt tief blicken. Für den fränkischen Verhaltensforscher Dr. Dieter Döderlein aus Dietenhofen ist das ein Hinweis auf die Herzensgüte, die Herzlichkeit und Herzensbildung der Franken. Im Internet warnt er sogar vor Franken, die nicht Schafkopf spielen. Bei ihnen könnten, so seine Vermutung, die Herzensgüte, die Herzlichkeit und die Herzensbildung unterentwickelt sein. Ein neuer Trend belegt, dass immer mehr Fränkinnen das Schafkopfspielen lernen. Mit erstaunlichen Erfolg. Meine Frau spielt besser Schafkopf als ich. Unsere Tochter und unsere Schwiegertochter spielen besser als meine Frau. Unsere Enkeltochter, wenn sie auf die Welt kommt, spielt wahrscheinlich besser als wir alle miteinander.

Frauengerechte Sprache

Leider gibt es von fränkischen Feministinnen scharfe Kritik am Schafkopfspiel. Die Frauenunion aus Frauenau fordert die Einführung der frauengerechten Sprache beim Schafkopfspiel. Wortführerin ist übrigens die Frau des 2. Bürgermeisters, Frau Frieda Frauenschläger-Schwarz. Zwei Änderungen schlägt sie vor: Erstens soll die Bezeichnung „Alde" abgeschafft werden; zweitens spricht

sie sich für die weibliche Bezeichnung der Spiel-
karten aus. Aus dem König soll die Königin, aus
dem Ober die Oberin, aus dem Unter die Unterin
werden. Der feministische Frauenbund aus Frau-
enaurach stellte den Antrag, das Schafkopfspiel
von sexistischen Begriffen zu reinigen. Das Wort
„stechen" ist dem Frauenbund schon lange ein
Dorn im Auge. Es soll durch „freundliche Über-
nahme" ersetzt werden. Haben beide Parteien
sechzig Augen, soll es nicht mehr „gespaltener
Arsch" sondern „unentschieden" heißen. Ich finde,
darüber kann man reden.

Dennoch gehe ich nicht davon aus, dass der Vor-
stand der „Fränkischen Kartelakademie" den fränkischen Feministinnen zustimmen wird. In Zukunft ist jedoch damit zu rechnen, dass durch die
frauengerechte Sprache auch in der fränkischen
Mund-Art neue Wortschöpfungen entstehen. Herz
wird aber auch in Zukunft Trumpf bleiben. Der
„Feministische Frauenbund" signalisierte bereits
seine Zustimmung und der Fränkische Sänger-
bund nimmt das Lied „Herz ist Trumpf" in sein
neues Liederbuch auf. Der Text lautet:

„Die Herzlichkeit der Franken ist weltbekannt.
Optimismus ist unsere Stärke.
Herz ist Trumpf!
Herz ist Trumpf, ein Leben lang.
Herz ist Trumpf! Herz ist Trumpf,
so lang wir sind!"

Starke Typen

Der Franke und die Fränkin sind jeder beziehungsweise jede für sich ein Original. Die fränkische Verhaltensforschung hat dennoch vier starke fränkische Typen herausgearbeitet. Allerdings gibt es diese Typologie bisher nur für die Männer. Für die Fränkinnen sind die Ergebnisse in zwei bis drei Jahren zu erwarten.

Der erste fränkische Typ ist der dominante Typ, der *„Dom-Düb"*. Seine Lieblingsfarbe ist rot. Sein Lieblingstier ist der Stier. Mit dem dominanten Typen kannst du über alles reden. Du musst ihm nur immer Recht geben. Der Dom-Düb ist gerne der Chef. Er entscheidet am liebsten alleine. Lange Diskussionen kann er nicht leiden. Fehler macht der Dom-Düb selten, so meint er selbst jedenfalls. Die Dom-Dübn haben es als Kinder nicht leicht gehabt. Meist wurden sie streng erzogen. Zu streng. Deshalb ist das ganze Leben für sie wie ein Kampf. Sie dürfen keine Schwäche zeigen. Vielleicht kennen Sie so einen Dom-Düb. Mit dem braucht man viel Geduld. Am besten lässt man ihn vorne dran stehen und lobt ihn oft. Der Dom-Düb braucht das Gefühl, dass er der Größte, der Schönste und der Beste ist. Wirklich eine Tragik. Sein Lebensmotto: „Ich herrsche, also bin ich."

Der zweite typisch fränkische Typ ist der Gemeinschaftstyp, der *„Gem-Düb"*. Seine Lieblingsfarbe ist gelb. Sein Lieblingstier ist der Papagei. Der Gem-Düb hockt gerne mit anderen Leuten zusammen, „waafd" gerne etwas herum und ist meistens gut aufgelegt. Er spielt oft Karten, engagiert sich im Sportverein, in der Kirche oder in einer Bürgerbewegung. Der Gem-Düb muss aufpassen, dass er sich nicht verzettelt. Der fränkische Gem-Düb trinkt gerne einen Schoppen Wein – oder zwei oder drei – oder ein Seidla Bier oder zwei. Wenn du einen Gem-Düb zum Freund hast, gibt es viel zu lachen. Sein Lebensmotto: „Ich genieße, also bin ich."

Der dritte typisch fränkische Typ ist der *„Sgrubl-Düb"*. Seine Lieblingsfarbe ist grau. Seine Lieblingstiere sind die Ameisen. Dieser Typ ist freundlich und fleißig. Er nimmt alles ganz genau. Den Skrupel-Typen kannst du hinstellen, wo du willst. Er zieht seine Sache durch bis zum Schluss. Der Sgrubl-Düb hat Angst, dass er Fehler macht. Deshalb ist er sehr vorsichtig. Auf den Sgrubl-Düb muss man zugehen. Dann freut er sich. Der Sgrubl-Düb bleibt bis zum Ruhestand in seiner Firma. Wenn seine Firma pleite macht, dann denkt der Sgrubl-Düb, dass er selber Schuld dran sei. Das kann ihm keiner ausreden. Sein Lebensmotto: „Ich arbeite und arbeite, also bin ich."

Der vierte typisch fränkische Typ ist der Schweiger, der so genannte *„Hm-Düb"*. Seine Lieblingsfarbe ist olivgrün. Er trägt fast immer ein olivgrünes Hemd, olivgrüne Hosen und olivgrüne Gummistiefel. Sein Hobby ist das Angeln. Wir sehen ihn oft am Alten Kanal, am Altmühlsee oder an irgendeinem Weiher. Er sitzt auf einem Klappstuhl und hält seine Angel ins Wasser. Neben ihm liegen eine Schachtel mit Würmern und ein Schachtel Zigaretten.

So sitzt der Angler, raucht und schweigt. Er schweigt und schaut auf das Wasser. Stundenlang sitzt er im Schweigen. Tiefe innere Ruhe erfasst seine Seele. Nur das Quaken der Frösche oder irgendeine Kreissäge stören seine Stille. Im Wasser spiegeln sich die Bäume. Der Hm-Düb sieht sein Spiegelbild. Das regt seine Seele an. Innere Bilder kommen. Er sieht sich als kleinen Jungen beim Angeln neben seinem Vater sitzen. Er erinnert sich an die erste Forelle, die er gefangen hat. Er erinnert sich an seine Geburt. Sogar pränatale Bilder tauchen auf. Wohlig warm fühlt er das Fruchtwasser im Bauch seiner Mutter. Ja, er sieht sogar urzeitliche Bilder. Der Angler sieht sich im Mittelalter in einem reißenden Fluss auf einem Felsen stehen, mit langem weißen Bart, in seinen olivgrünen Gummistiefeln, seiner olivgrünen Hose und seinem olivgrünem Hemd. Im Fluss baden sieben nackte Jungfrauen. Sie lachen und scherzen. Als sie den Angler entdecken, ergreifen sie die Flucht. Sein Schweigen hat sie zutiefst erschreckt. So sitzt der fränkische Schweiger am Weiher, in tiefer Ruhe und hängt seinen inneren Bildern nach.

Die Lieblingstiere des Hm-Typen sind die Würmer. Viele Schweiger haben eine philosophische Ader. Ludwig Wittgenstein, ein begnadeter Angler, vertritt die Überzeugung: „Wovon man nicht sprechen kann, darüber muss man schweigen!" Daran hält sich der Hm-Düb. Er weiß: Unser Wissen ist Stückwerk! Er weiß, dass er nichts weiß.

Reden ist für ihn Silber – Schweigen Gold. Viele Fränkinnen bewundern den Schweiger. Sie wissen, er ist treu und zuverlässig und bringt manchmal einen Karpfen nach Hause. Sein Lebensmotto: „Ich schweige, also bin ich."

Selbstverständlich gibt es auch Mischtypen, zum Beispiel „Dom-Dübn", die zuhause einen Papagei haben oder „Gem-Dübn", die gerne angeln. Skrupel-Typen mit einem Papagei in der Wohnung sind dagegen selten.

Bei den Fränkinnen ist die Typologie noch nicht so weit fortgeschritten. Es zeichnet sich jedoch schon ab, dass der „Dom-Düb" bei den Frauen eine „Domina" ist. Sie ist die Herrin im Haus und regiert mit lauter Stimme. Meistens trägt sie eine schwarze Hose. Der „Gem-Düb" erscheint bei den Fränkinnen als „Gemina". Der Gemina-Typ neigt zur Dauerwelle, trägt gerne Kostüme in hellen Farben und sing im gemischten Chor im Sopran. Der „Hm-Düb" ist bei unseren Frauen eher selten. Er kommt so gut wie nicht vor. Rhetorisch sind die Fränkinnen den Franken haushoch überlegen.

Es gibt übrigens eine Kurzfassung zur fränkischen Mentalität in gereimter Form:

Wir Franken sind sparsam,
halten gern unser Sach zam.

Wir geizen mit Lob,
sind ganz selten grob.

Wir Franken sind zäh,
uns tut nie was „wäh."

Wir denken global
und handeln lokal.

Wir Franken sind tüchtig,
nehmen uns nicht so wichtig.

Wir können beim Essen
unser Gewicht leicht vergessen.

Gern trinken wir drei Schoppen
und bleiben dann lang hocken.

Drum finden wir spät
unsere Identität.

Prominente Franken

Aus Franken kommen viele Prominente. Der Henry Kissinger kommt aus Fürth. Der Thomas Gottschalk aus Kulmbach. Die Schwiegermutter von Robert Redford kommt aus Stegaurach. Und der Stiefvater von der ehemaligen Praktikantin von Bill Clinton kommt aus Sulzdorf. Alles prominente Franken und Fränkinnen.

Unser „Loodar"

Jetzt stellt sich natürlich die Frage: Wer ist denn der prominenteste Franke überhaupt? Meiner Meinung nach ist der prominenteste Franke „unser Loodar", der Lothar Matthäus. Den kennt fast die ganze Welt.

Unser Loodar ist Weltbürger. 150 Länderspiele hat er auf dem fränkischen Buckel. Er gewann alles, was ein Fußballer gewinnen kann: Er war Deutscher Meister, Europameister, Weltmeister, Sportler des Jahres und Weltfußballer.

Eine große Schwäche plagt allerdings unseren Loodar. Leider. Sie wissen, was ich meine. Er ist inkontinent, wenn es um Frauen geht. Er lebt in sukzessiver Polygamie. Das bringt ihn ganz durcheinander. Stellen Sie sich vor: Unser Loodar wacht manchmal frühmorgens im Hotel auf und fragt sich in bestem Fränkisch: „Welches Madla lichd denn heid neber mir?" In Mailand kam es einmal zu einer heftigen Auseinandersetzung in seinem Hotelzimmer. Der Loodar wachte neben Swetlana auf. Sie schlief noch. Unser Loodar trank einen Espresso, aß ein Nusshörnchen und fuhr ins Training. Mittags kam er zurück. Swetlana lag da immer noch im Bett und hörte Musik. Der Loodar war stocksauer und schnauzte sie an: „Was soll nern des? Ich reiß mir im Dräning den Oarsch auf, und du lieggsd den ganzen Dooch im Bedd!" Die Swetlana hat nichts gesagt. Nur geschmollt. Sie stand auf, ging ins Bad, duschte eine halbe Stunde, schminkte sich und zog ihren weißen Hosenanzug an. Dann packte sie ihren Schminkkoffer und ihren Rolli und verließ ohne Worte das Hotelzimmer. Und dann war unser Loodar wieder allein. Ganz allein. Einsam in Mailand in seinem Hotel. Allerdings bleibt unser Loodar nie lange allein. Er sucht immer wieder den gleichen Mädchentyp: jung, manchmal noch jünger, blonde Haare und naiv. „Diesem Typ bleibe ich treu", vertraute er einmal einem Journalisten an.

Die Interviews von unserem Loodar sind übrigens immer ein Genuss. Ein Journalist vom „Kicker" fragte ihn einmal, was er vor seinem Elf-Meter-Schuss dachte. In bestem Fränkisch sagte unser Loodar: „Da hob ich mer dachd, den hau ich dem Doorward nei, in ihm sei Door." Wunderbar! In Paris fragte ein Journalist vor einem Länderspiel: „Monsieur Lothar, was halten Sie von Frédéric Chopin?" „In der Offensive ned schlechd", antwortete der Lothar. „Defensiv mou er nu mehr bringa!" „Monsieur Lothar, was halten Sie von Rainer Maria Rilke?", fragte der Journalist weiter. „Aus den dreien wird noch etwas!" Da war sich unser Loodar sicher. Dieses Interview zeigt zwar eine gewisse Einseitigkeit, aber vom Fußball versteht er wirklich etwas.

Ich finde es nicht richtig, dass sich so viele Leute über den Loodar lustig machen. Schließlich hat er in der ganzen Welt als Trainer gearbeitet: Bei Atlético Curitiba in Brasilien – vier Wochen. Bei Maccabi-Netanya in Israel – sechs Monate. In Belgrad, Bulgarien und Ungarn zusammen fast zwei Jahre. In Bulgarien forderte vor drei Jahren die Gewerkschaft der Spielerfrauen, dass unser Loodar sterilisiert wird. Die Ethikkommission des bulgarischen Parlamentes lehnte das selbstverständlich ab. Aus EU-Mitteln wurde dann für die Spielerfrauen ein Kurs in Selbstverteidigung finanziert. Ich halte das für völlig übertrieben.

Zurzeit ist unser Loodar etwas indisponiert. Aber er fängt sich sicher wieder. Wenn Sie unseren Loodar in Herzogenaurach oder in Nürnberg auf dem Hauptmarkt sehen, dann tadeln Sie ihn bitte nicht. Schenken Sie ihm Ihr schönstes Lächeln. Bitten Sie ihn freundlich um ein Autogramm. Aber wenn Sie ihre Tochter oder Enkeltochter dabei haben, dann müssen Sie aufpassen. Dann ist unser Loodar unberechenbar.

Die Gabi aus Fürth

Weiter stellt sich die Frage, wer die prominenteste Fränkin ist. Bei Reisen über die fränkischen Grenzen hinaus bin ich überrascht, wie bekannt unsere Gabi immer noch ist. Wahrscheinlich ist sie immer noch die schönste und bekannteste Fränkin. Unsere Gabi aus Fürth, die Jeanne d'Arc der fränkischen Geschichte. Mutig attackierte sie Edmund

Stoiber. Sie sagte, was viele christsoziale Franken damals dachten. Unsere Gabi kannte keine Feigheit vor dem Parteifreund. Und dann stolperte Edmund Stoiber tatsächlich über unsere Gabi. Unser Günther aus Nürnberg wurde Ministerpräsident. Leider nur kurze Zeit. Dann haben ihn die oberbayerischen Parteifreunde fallen lassen wie eine fränkische Kartoffel.

Aber zurück zu unserer Gabi. Sie gründete dann ja ihre eigene Partei. Die Freie Union. Das war ein Schuss in den Ofen. Sie wanderte von einer Talkshow in die nächste. Fast jedes Mal ein Schuss in den Ofen. Dann ließ sie sich sogar für eine Illustrierte fotografieren, neben ihrem Motorrad, einer Harley Davidson. Sie trug ihre schwarze Motorradmontur. Der Helm hing locker am Lenker und ihr die Haare ins Gesicht. Unsere Gabi lächelte so sympathisch, so weltoffen, so hintersinnig wie die Mona Lisa im Louvre. Aber dann kam die Geschichte mit den Reiz-Fotos und den roten Latexhandschuhen. Ein schwerer Fehler. Ich weiß nicht, was sich die Gabi dabei dachte. Wahrscheinlich nicht viel. Jedenfalls war unsere Gabi nun bekannt, fast prominent. Gott sei Dank ist es jetzt etwas ruhiger um unsere Gabi geworden. Wahrscheinlich schreibt sie gerade ein Buch mit dem Titel „Mein steiler Weg nach unten".

Der Markus aus Schweinau

Neben der Gabi gibt es in Franken weitere politische Talente, zum Beispiel unseren Markus aus Schweinau, den bayerischen Finanzminister. Kurz nach seiner Ernennung fragte ihn damals eine

Fernsehjournalistin vom bayerischen Staatsfernsehen, die Anouschka Horn: „Herr Söder, können Sie Finanzminister?" Unser Markus schwieg eine Weile. Dann lächelte er gefährlich. Ganz gefährlich. Ich dachte schon, er beißt die Anouschka Horn gleich vor laufender Kamera in die rechte Hand. Doch dann riss sich unser Markus zusammen und reagierte wie ein großer Staatsmann. Er verschränkte die Arme, lehnte sich etwas zurück, lächelte überlegen und sagte: „Wenn man gerufen wird, dann darf man sich nicht wegducken!" So ist er, unser Markus. Er ist kein „Wegducker", sondern ein „Hinlanger"!

Mit unserem Markus wäre das Fiasko bei der Bayerischen Landesbank nicht passiert. Da bin ich mir sicher. Mit eisernem Besen hätte er zurückgeschossen und die „Hypo Alpe Adria" durch die Schweinauer Gebirgsschützen über den Inn zurückgetrieben. Dann hätten die Banker das Kufsteinlied nur noch von Österreich aus singen können.

Leider wird unser Markus oft ungerecht behandelt, von den Medien und von den Grünen. Ein junger Journalist aus Lüdenscheid beschimpfte unseren Markus als „Franken-Rambo"! Na ja, als CSU-Generalsekretär langte er schon manchmal hin. Die Claudia Roth von den Grünen beschimpfte er einmal erregt als „hysterische Ökofaschistin". Da war die Claudia aber sehr betroffen. Sie schluckte schwer und weinte fast.

Inzwischen reagiert unser Markus nicht mehr so erregt. Er ist gelassener geworden. Fast ausgeglichen. Das wirkt sich positiv auf den bayerischen

Staatshaushalt aus. Unser Markus legt Jahr für Jahr einen ausgeglichenen Haushalt vor. Das muss ihm erst einmal einer nachmachen. Als „Dom-Düb" vereint unser Markus den Willen zur Macht mit der Sparsamkeit. Eine gute Mischung. Mit Claudia Roth ist er inzwischen per Du. Sie findet ihn jetzt auch nicht mehr ganz so gemein. Wer weiß, vielleicht werden beide noch das Traumpaar der deutschen Politik. Unser Markus als Lautsprecher und die Claudia als beleidigte Leberwurst.

Unser „Ka-De"

Wer kann unseren Markus überhaupt noch aufhalten? Höchstens unser gestolperter Über-Franke: Karl-Theodor, Maria, Nikolaus, Jakob, Johannes, Phillipus, Franz, Josef, Sylvester usw. von und zu Guttenberg. Er kommt, wie es sich gehört, aus Ober-Franken. Blitzschnell machte er Karriere. Vom Kreisvorsitzenden bis zum Träger des Aachener Karnevalordens. Blitzschnell war dann alles vorbei: Seine Doktorarbeit und die Plagiatsaffäre. Das Thema seiner Doktorarbeit war aber auch kompliziert, kompliziertest: „Verfassung und Verfassungsvertrag. Entwicklungsstufen in den USA und der EU." Ich kann mir unter dem Thema wenig vorstellen. Unserem „Ka-De" ging es wohl ebenso. Und dann hat er halt abgeschrieben. Meine Güte! Wer von uns hat noch nie abgeschrieben? Selbstverständlich stritt unser „Ka-De" alles ab: „Meine Doktorarbeit ist kein Plagiat", sagte er vor laufenden Fernsehkameras. Da täuschte er sich! Meine Güte! Wer von uns hat sich noch nie getäuscht? Inzwischen verurteilte ihn das Verwal-

41

tungsgericht in Hof zu 20 000 Euro Bußgeld. Das darf man nicht so eng sehen. Wer von uns musste noch nie Bußgeld zahlen?

Ich frage mich sowieso, wie der „Ka-De" auf die Idee mit dem Plagiat gekommen ist. Wahrscheinlich war es gar nicht seine Idee. Ich stelle mir das so vor: In einer trüben, nebligen Novembernacht kommt er spät nach Hause, in sein Schloss. Müde. Abgespannt. Nach drei Gläsern Rotwein sagt er zu seiner Steffi: „Leider muss ich noch an meine Doktorarbeit ran." Seine Steffi nimmt ihn in den Arm, streicht ihm zärtlich das Gel aus dem Haar und flüstert: „Liebling, ich helfe dir. Ich besorge dir einen Ghostwriter." Unser Karl-Theodor zögerte zunächst. Aber seine Steffi war nicht zu bremsen: „Ich habe noch 40 000 Euro auf dem Sparbuch von meinem Uropa Otto. Die nehmen wir dafür!" Und dann besorgte die Steffi einen Ghostwriter. Leider war der Ghostwriter ein V-Mann vom Verfassungsschutz. Denken Sie doch an das Thema: „Verfassung und Verfassungsvertrag". Das muss den Verfassungsschutz interessieren. Der muss doch überprüfen, ob unsere Minister auf dem Boden der Verfassung stehen. Dieser „Ghostwriter-V-Mann" gab dann der Süddeutschen Zeitung den Tipp, und die lieferte unseren Karl-Theodor ans Messer. Wahrscheinlich ist es so gewesen. Es kann aber auch ganz anders gewesen sein.

Nun lebt der Karl-Theodor mit seiner Steffi in Amerika. Amerika liegt ihnen zu Füßen. Sie haben die Herzen der Amerikaner und Amerikanerinnen im Sturm erobert. Wenn unser Karl-Theodor sich einbürgern lässt, dann ist er in zehn Jahren gewiss „The President of the United States". Den Text der amerikanischen Nationalhymne kann er schon auswendig. Die Melodie übt er noch am Klavier.

Der Club-Fan

Ein spezieller Typ des „Homo franco" ist der fränkische Fan. Im roten Club-Trikot und seinem Club-Schal geht er jedes zweite Wochenende in das Frankenstadion.

Im Stadion mit Fahne steht er,
ob's regnet, schneit, bei jedem Wetter.
Der Fan schreit: Abseits, Foul und Tor!
Er singt das Clublied stolz im Chor.

Das Clublied beginnt melancholisch und klingt moll-mäßig so:

„Die Legende lebt, wenn auch die Zeit vergeht,
unser Club, der bleibt bestehn.
Die Legende lebt, wenn auch der Wind sich dreht.
Unser Club wird niemals untergehn.
Unser Club wird niemals untergehn!"

Was für ein Lied! Geschichtsbewusst: Die Legende lebt. Was für ein Lied! Optimistisch: Unser Club wird niemals untergehn. Aber zurück zum Club-Fan.

Die größte Stärke der Club-Fans ist ihre Objektivität. Da sind sie unübertroffen. Neidlos erkennen sie an, wenn die gegnerische Mannschaft besser spielt. Leider kommt das öfter vor. Mit anderen Vereinen verbindet die Club-Fans eine innige Fan-Freundschaft, zum Beispiel mit dem FC Schalke 04. Die Fans beider Mannschaften haben sogar einen gemeinsamen Schal. Die eine Hälfte des Schals ist rot-schwarz gestrickt. Die andere Hälfte ist blau-weiß gestrickt. Zwei Mannschaften, ein Schal.

Zwei Vereine verbunden in inniger Freundschaft. Was für ein Zeichen! Mit einem Verein allerdings klappt die Fan-Freundschaft noch nicht ganz so gut, mit dem Kleeblatt aus Fürth. Aber auch da sind die Perspektiven positiv. Die Fan-Beauftragten stricken bereits an einem gemeinsamen Schal. Die eine Hälfte rot-schwarz, die andere Hälfte grün-weiß. Stellen Sie sich das vor: Nach der Eisenbahn verbindet dann auch die Fan-Freundschaft Nürnberg und Fürth. Noch gibt es kleine Differenzen. Die Nürnberger meinen, dass der rotschwarze Teil des Schals länger sein müsste als der grün-weiße. Eine Mediatorin vom „Zentrum für gewaltfreie Konfliktlösung" wurde bereits eingeschaltet. Sie wird bestimmt eine Lösung finden.

Der „Schiri" als Freund

Eine besondere Zuneigung pflegt der Club-Fan zu den Schiedsrichtern und den Schiedsrichterinnen. Gesänge wie: „O hängt sie auf, die schwarze Sau...!" sind im Frankenstadion selten. Ganz selten. Stattdessen singen die Fans: „Schiri, wir wissen, wo dein Auto steht!" Was will dieses Lied uns sagen? Es zeigt, wie aufmerksam und hilfsbereit die Club-Fans sind. Mit diesem Lied signalisieren sie dem Schiri: Wenn dein Auto nach dem Spiel nicht anspringt, geben wir gerne Starthilfe. Wir wechseln auch gerne die Reifen, allerdings nur, wenn einer von uns sie zerstochen hat. Die meisten Schiris sperren in Nürnberg ihre Autos nicht ab. Sie wissen, dass die Club-Fans ihnen gerne ein Geschenk in den Kofferraum legen, eine Kiste Frankenwein oder einen Blumenstrauß für die Ehefrau.

So aufmerksam sind die Club-Fans. Früher legten die Schiedsrichterbetreuer Rolex-Uhren und Gutscheine für Aro-Teppiche in die Schiedsrichterkabine. Diese Zeiten sind vorbei. Heute übernehmen die Fans die Betreuung der Schiris. Nach jedem Heimspiel nimmt der Club-Fan den Applaus der Schiris entgegen.

Dann fährt er heim und schaut sich froh
die Tore in der Sportschau „oo".
Seiner Frau gefällt's nicht immer.
Vom Fußball hat sie keinen Schimmer.
Sie sagt: „Schatz, es ist doch zum Kotzen,
musst du schon wieder Fußball glotzen!"

So sorgt der Fußball, wie ihr wisst,
am Samstag für so manchen Zwist.
Abends im Bad, auf der Toiletten,
oder in den Ehebetten,
sagt, es wird auch langsam Zeit,
der Club-Fan: „Schatz, es tut mir leid!"

Die Ehefrau, ganz hingerissen,
wird ihren Club-Fan zärtlich küssen.
Doch in zwei Wochen, leider, leider,
geht das Spiel genau so weiter.

Falls anwesende Frauen Ähnlichkeiten mit ihrem Partner erkennen, sind diese keineswegs zufällig. Die Club-Fans ähneln einander sehr. Manche Club-Fans bringen auch Aufkleber an der Heckscheibe ihres Autos an: „Bitte nicht hupen, Fahrer träumt vom FCN!" Wenn Sie hinter so einem Auto herfahren, dürfen Sie auf keinen Fall hupen. Wacht der Fahrer auf und erschrickt, kann das schlimme Folgen haben. Übrigens: Roy Black aus Göggingen war auch ein Club-Fan. Er schrieb für die träumenden Club-Fans vor 40 Jahren sogar ein Lied:

„Du bist nicht allein, wenn du träumst heute Abend.

Du bist nicht allein, wenn du träumst von Club-Siegen.

Es finden 1000 Club-Fans heute Nacht keine Ruh.

Es haben 1000 Club-Fans Sehnsucht genau wie du."

Franken-Tour

Inzwischen ist Franken touristisch gut erschlossen. Die Werbung unterscheidet zwischen Wasserfranken, Weinfranken und Bierfranken.

Die berühmte Tour „Franken in drei Tagen" beginnt im Fränkischen Seenland in Muhr am See. Anfahrt mit der Deutschen Bahn bis Gunzenhausen möglich. Mit einem Leihfahrrad umrunden Sie den Altmühlsee. Einmal links herum und einmal rechts herum. Bei der Runde links herum empfehlen wir einen Abstecher zur Vogelinsel. Bitte Fernglas mitnehmen. Seltene Vogelarten wie Kanarienvögel und Kormorane werden Sie begeistern. Dann geht es am Altmühl-Überleiter entlang, über den Kleinen Brombachsee zum Großen Brombachsee. Im Gasthof zum „Fränkischen Hirschen" wartet auf Sie ein reichhaltiges Mittags-Menü mit Altmühlwasser. Nach dem Mittagessen bietet „Frankentour" kostenlose Massagen mit Wadenwickel an. Um 14 Uhr Abfahrt, auf dem Radweg über Pleinfeld zum Rothsee. Dort kurze Kaffeepause mit Motivationsschub durch einen Videoclip vom letzen Rother Triathlon. So motiviert rollen Sie locker am Main-Donau-Kanal entlang nach Nürnberg. Im Juli und August spielt auf dem Begleitschiff, der „Frankonia", das Conny Wagner Sextett.

An den Schleusen Leerstetten und Eibach laden Verpflegungsstationen mit Sekt und Orangensaft zur Erfrischung ein. Erfahrene Physiotherapeuten bieten chinesische Akupunktur an. Gegen 18 Uhr erreichen Sie überglücklich den Hauptmarkt in Nürnberg. Die Dusche kommt von oben, durch den kühlen fränkischen Regen. So erfrischt genießen Sie im „Bratwursthäusle" eine Maß Bier und Sechs auf Kraut mit Kartoffelsalat.

Nach einem Verdauungsschnaps kurze Stadtbesichtigung mit Dürerhaus, Nürnberger Burg, Lorenzkirche und Sankt Sebald. Dann radeln Sie zum Hauptbahnhof, wo bereits der Nachtzug nach Würzburg auf Sie wartet. Sie schlafen in bequemen Sechserabteilen mit Klimaanlage. In Ansbach hat der Zug eineinhalb Stunden Aufenthalt. Wer möchte, kann sich die Orangerie und den Hofgarten bei Nacht anschauen. Gegen 7 Uhr morgens erreichen Sie Würzburg Hauptbahnhof. In der Würzburger Residenz Empfang durch den Regierungspräsidenten mit einem Sektfrühstück. Ein Ärzteteam verabreicht Vitaminspritzen und Voltaren forte. Gegen 9 Uhr startet die Weinfrankentour. Vorbei an Sommerhausen und Winterhausen geht es über Ochsenfurt und Sulzfeld nach Kitzingen. Schon von Weitem leuchten Ihnen die Zwiebeltürme der renovierten Synagoge entgegen. Nach kurzer Pause geht es weiter nach Münsterschwarzach. Im Refektorium des Klosters servieren die Mönche einen Schoppen Sommeracher, Schweinebraten mit Knödel und Blaukraut. Es gibt keine Wadenwickel, auch keine Massagen. Stattdessen eine Mittagsmeditation mit Pater Anselm Grün zum Thema: „Wir sind alle unterwegs!", dazu meditative Musik.

Mainschleife mit Massagen

So mental gestärkt, wartet nun die Mainschleife auf Sie. Leider bleibt in Sommerach keine Zeit für eine längere Pause. Es geht gleich weiter nach Nordheim. Eine wunderbare Strecke. Die Weinberge jubeln Ihnen entgegen. Der Main ist Ihr stiller Begleiter. Kurzer Stopp in Nordheim. Sie besichtigen die renovierte katholische Kirche und fahren direkt zur Mainfähre. Für einen Euro pro Rad und Person setzen Sie über nach Escherndorf. Dort wartet leider nicht der „Escherndorfer Lump" auf Sie, vielmehr geht es steil hinauf zum „Volkacher Kirchberg". Bei einem Cappuccino unter Kastanienbäumen genießen Sie den Blick auf Nordheim und die Mainschleife. Jetzt gibt es wieder Wadenwickel und Massagen. Es folgt ein längerer Streckenabschnitt, der viel Kraft kostet. Über Volkach, an der „Maria im Weingarten" und dem Atomkraftwerk Grafenrheinfeld vorbei, erreichen Sie Schweinfurt. Eine Besichtigung des Atomkraftwerkes steht nicht auf dem Programm. Die Mainfrankentour endet gegen 19 Uhr vor dem Schweinfurter Rathaus. Die Übernachtung erfolgt im Festzelt auf dem Marktplatz in Stockbetten. Bis 23 Uhr unterhalten Sie die Männer von der Bauchtanzgruppe aus Schoppenau. Sie tanzen zu Melodien aus „Tausend und eine Nacht". Um 24 Uhr Klangschalenmeditation im Liegen. Nach dem rustikalen Frühstück geht es mit der Bahn um 9.10 Uhr nach Bamberg. In Bierfranken grüßen Sie schon von Weitem der Dom und die Türme des ehemaligen Klosters von Sankt Michael. Die Domführung zeigt Ihnen den Bamberger Reiter und das

Grab unseres einzigen fränkischen Papstes, Clemens II. So von Geschichte und Kultur gesättigt, brauchen Sie keine Mittagessen, genießen jedoch im „Schlenkerla" ein Rauchbier.

Wir empfehlen nun, dass Sie mit dem Bus nach Bayreuth fahren und Ihre Räder dem Anhänger anvertrauen. In Bayreuth wieder Kultur pur: Besuch der Villa Wahnfried, der Eremitage und der Residenz. Für Interessierte bieten wir einen kurzen Abstecher zum Grünen Hügel an. Kaffee gibt es aus der Thermoskanne im Bus. Auf Kuchen müssen Sie leider verzichten. Ebenso auf den Besuch der Kulmbacher Plassenburg und der Wallfahrtskirche Vierzehnheiligen.

Badespaß mit Wettrutschen

Dafür bietet die Franken-Tour einmaligen Badespaß in den Thermen des fränkischen Bäder-Drei-
ecks: Blubbergruppen, Wettrutschen, Disco-Tau-
chen, Badespaß mit dem Krokodil und Matten-
gaudi. Für Kurzentschlossene ist die Teilnahme an
dem Intensivkurs „Fit statt fett" möglich. Bei diesem Kurs wird Körperfett in Intelligenz umge-
wandelt. Die Umwandlung von zehn Kilogramm
Körperfett steigert den Intelligenzquotienten um
zwanzig Prozent. Allerdings nur bei Hochdruck-
wetter. Nach so viel Kultur und Wellness treten Sie
erfüllt und entspannt die Heimreise an.

Diese Frankentour werden Sie nie vergessen.
Selbstverständlich können Sie sich für diese Tour
auch eine Woche Zeit lassen. Dann stehen auch
Vierzehnheiligen und Schloss Banz auf dem Programm. Vor der großen Treppe auf Schloss Banz
empfängt Sie Horst Seehofer mit der CSU-Fraktion
zum Gruppenbild. Die einwöchige Fahrradtour
kostet im Doppelzimmer nur 650 Euro, einschließ-
lich Wadenwickel, Wettrutschen und Blubbertau-
chen. All inclusive.

Kultour ohne Wettrutschen

Als Alternative können Sie auch „Franken-Kultour" buchen. Das Programm beginnt am Freitag-
abend mit den Kreuzgangspielen in Feuchtwangen
und führt über Dinkelsbühl nach Rothenburg. In
Dinkelsbühl wird Sie die ergreifende Aufführung
der „Kinderzeche" tief bewegen. Eine persönliche
Begegnung mit der „Kinderlore" und ihren Kindern wird für Sie zum unvergesslichen Erlebnis.

Bitte die Kinder während der Aufführung nicht füttern.

Der krönende Abschluss erfolgt im romantischen Rothenburg o. T. Sie übernachten im berühmten Romantikhotel „Feinschlecker". Auf der sonnigen Dachterrasse mit Blick auf das Taubertal genießen Sie ihr Frühstück mit Taubersekt. Anschließend historische Stadtführung mit Orgelkonzert im Kriminalmuseum. Am Nachmittag erzählt der Nachtwächter bei Kaffee und Kuchen über seine Abenteuer mit der Marketenderin während des Dreißigjährigen Krieges. Die „Franken-Kultour" kostet bei zwei Übernachtungen im Doppelzimmer 240 Euro, allerdings ohne Wettrutschen. Wo gibt es so etwas noch auf der Welt? Nur bei uns in Franken.

Demokratie auf fränkisch

Seit über 60 Jahren sind wir Franken überzeugte Demokraten. Wir wählen unsere Bürgermeister und Bürgermeisterinnen. Ebenso die Landräte und Landrätinnen und den Bezirkstag. Wahlbetrug und Schlammschlachten kommen nie vor. Wahlbeobachter der UNO stellen uns stets ein hervorragendes Zeugnis aus. Die Wahlsieger jubeln nicht zu laut. Sie gehen auf die Verlierer zu. Der Verlierer gratuliert freundlich, obwohl er seinem Kontrahenten am liebsten eine reinhauen würde. Das zeugt von demokratischer Reife.

Wir sind kompromissfähig

Eine besondere Stärke unserer Demokratie ist die Kompromissfähigkeit. Wir Franken und Fränkinnen können Kompromisse schließen. Das zieht sich wie ein roter Faden durch die fränkische Kommunalpolitik. Das ging schon 1835 los. Da haben wir in Franken monatelang darüber gestritten, wo die erste Eisenbahn fahren soll, in Nürnberg oder in Fürth. Der Stadtrat von Nürnberg beschloss: Die erste Eisenbahn fährt von Mögeldorf zum Hauptmarkt. Der Stadtrat von Fürth wollte, dass die erste Eisenbahn vom Ronhof zur Billinganlage fährt. Was ist bei diesem Streit herausgekommen? Ein echter Kompromiss! Die Stadtväter einigten sich, dass die erste Eisenbahn von Nürnberg nach Fürth fahren soll. Eine geniale Entscheidung.

Unsere Kompromissfähigkeit zeigt sich besonders im kommunalen Bereich. Erst vor kurzem in Großglänzenheim. Da stritt der Gemeinderat um einen Straßennamen im Neubaugebiet. Die Freien Wähler machten sich für die Bezeichnung nach dem verdienten Altbürgermeister Heiner Kraftmeyer stark. Die Opposition schlug den beliebten Schulrektor und ehemaligen zweiten Bürgermeister Ehrenfried Streberlein vor. Was kam dabei heraus? Ein lupenreiner Kompromiss! Die neue Straße heißt nun: Heiner-Streberlein-Straße. Alle sind zufrieden. Auch der Kraftmeyers Heiner und der Streberlein. Zusammen weihten sie die neue Straße ein und lächelten glücklich auf dem Bild in der Zeitung.

Sogar in der Kirche wachsen die Demokratie und die Kompromissfähigkeit. In Kleinkleukheim gibt es immer noch heftige Diskussionen um das neue Leitbild der Kirchengemeinde. Der Kirchenvorstand setzte zwei Projektgruppen ein. Sie arbeiten schon seit sieben Jahren mit Flipchart, Gemeindeanalyse, Beamer und allen Schikanen. Nun präsentieren sie ihre Ergebnisse. Der erste Vorschlag: „Wir sind offen – für alles und jeden!" Dazu ein Bild vom Kleinkleukheimer Weiher mit Sonnenuntergang. Auf einem Schiff sind freundlich winkende Menschen zu sehen. Der zweite Vorschlag: „Wir machen nicht dicht!" Dazu ein Foto von der Kleinkleukheimer Kirche mit weit geöffneter Tür. Ein roter Teppich führt von der Straße in die Kirche hinein. Was kam nun dabei heraus? Ein klassischer Kompromiss: „Wir sind nicht ganz dicht – aber offen!" Als Bild wurde die Kirche mit geöffneter Tür und rotem Teppich gewählt. Ein fairer Kompromiss.

Wir mucken gerne auf

Zu unserer fränkischen Demokratie gehört auch das Aufmucken. Es zieht sich ebenfalls wie ein roter Faden durch unsere Geschichte. Schon 1534 muckte der Pfeiffer von Nicklashausen auf. Er sang Spottlieder gegen den Bischof von Würzburg. Leider fand der Bischof das gar nicht lustig. Er machte kurzen Prozess und ließ den Pfeiffer hängen. Die Bauern rund um den Hesselberg muckten gegen den Markgrafen von Ansbach auf. Ihr Anführer, der Schmalzmüller aus Röckingen, wurde eingesperrt. Außerdem musste er eine saftige Geldstrafe zahlen. Ortsnamen wie Muggendorf, Markt Muggenheim und Muggenmühle weisen auf die aufmuckenden Franken hin.

Vor 40 Jahren muckten die Bürger von Ermershausen auf. Die bayerische Staatsregierung wollte sie nach Maroldsweisach eingemeinden. Dabei hätte die Regierung wissen müssen, dass wir seit 1806 auf Zwangsfusionen allergisch reagieren. Der Franz-Josef Strauß war damals wirklich unsensibel, obwohl sein Großvater aus Mittelfranken kommt, aus Großlellenfeld bei Kleinlellenfeld. Der F.J.S. war also fränkisch infiziert. Deshalb muckte er oft auf: gegen den „Spiegel", gegen Helmut Kohl und Willy Brandt.

Aber zurück zu den Ermershäusern. Sie gaben nicht klein bei. Anweisungen aus München verweigerten sie den Gehorsam. Der Bürgermeister rückte die Akten nicht heraus. Er trat sogar in den Hungerstreik und drohte mit Republikflucht nach Thüringen. Daraufhin lenkte die Staatsregierung doch ein. 1994 wurde Ermershausen wieder selbstständig. Noch heute steht die Freiheitsglocke vor dem Rathaus. Seit dem 11.11.2011 ziert die Büste von Altbürgermeister Adolf Höhn die Ruhmeshalle der „Fränkischen Nationalgalerie".

Braune Flecken

Leider gibt es in unserer Geschichte auch dunkle Flecken. Genauer: braune Flecken. Von 1935 bis 1945 war Franken dunkelbraun. Der Hauptmarkt in Nürnberg hieß Adolf-Hitler-Platz und auf dem Hesselberg regierte der Julius Streicher. Aber wir Franken haben unsere Lektion gelernt. Auf dem rechten Auge sind wir nicht mehr blind. Wenn heute Neonazis aufmarschieren in Gräfenberg, Nürnberg oder Wunsiedel, dann sind wir hellwach. Die Leute halten Plakate hoch: „Haut ab, ihr Glatzen!" Oder: „Franken ist bunt!" Wenn im Wirtshaus am Stammtisch blöde Witze über Türken oder Juden erzählt werden, dann steht mindestens ein Franke auf, packt den „Witzbold" am Kragen und sagt im schönsten Fränkisch: „Hör mid dem Gschmarri af, sunsd gräichsd anne auf's Maul!" Stellen Sie sich das vor. Wer hätte das vor siebzig Jahren gedacht?

Gott sei Dank sind wir Franken heute fremdenfreundlich. Wir freuen uns, wenn Asylbewerber zu uns kommen. Dann zeigen wir unser Herzensgüte und unser Herzlichkeit. Jedenfalls gibt es bei uns nie Streit, wenn die Regierung Unterkünfte für Asylbewerber sucht. Wir Franken wissen aus eigener Erfahrung, wie bitter Angst und Armut schmecken.

Leuchttürme der Demokratie

Eine weitere Stärke unserer fränkischen Demokratie ist die Vernetzung. Unsere Bürgermeister und Bürgermeisterinnen, Landräte und Landrätinnen sind total vernetzt: mit dem Sportverein, mit dem Obst- und Gartenbauverein, mit dem VdK und dem Gesangverein. Unsere Bürgermeister und Bürgermeisterinnen sind echte Netzwerker. Wenn da ein Problem auftaucht, gehen sie sofort ins Netz. Wird ein neuer Chorleiter für den Gesangverein gesucht, wo geht da der Bürgermeister beziehungsweise die Bürgermeisterin hin? Sofort ins Netz! Wenn das Feuerwehrauto eine neues Blaulicht braucht – wo geht der Bürgermeister, die Bürgermeisterin hin? Ins Netz! Wenn der Bürgermeister einen Sponsor für das Gemeindeblatt sucht, geht er sofort ins „Indernetz" oder zur Bank. Ohne Netzwerk bist du heute nichts. Das ist auch bei uns in Franken so.

Unsere Bürgermeister und Bürgermeisterinnen sind Leuchttürme der Demokratie. Wenn der neue Pfarrer eingeführt wird, dann hält der Bürgermeister ein freundliches Grußwort und überreicht einen Zinnteller mit Gemeindewappen. Wenn der Sportverein zum Jubiläum einlädt, kommt der Bürgermeister oder die Bürgermeisterin, hält ein freundliches Grußwort und überreicht einen Zinnteller mit Gemeindewappen. Wenn eine Delegation von der Partnergemeinde kommt, hält der Bürgermeister ein freundliches Grußwort und überreicht einen Zinnteller mit Gemeindewappen. Sogar bei der Geburtstagsfeier von seiner Frau hält der Bürgermeister ein freundliches Grußwort, überreicht allerdings einen selbst bezahlten Blumenstrauß. Unsere Bürgermeister und Bürgermeisterinnen trennen strikt zwischen dienstlich und privat. Sie bezahlen sogar ihren Urlaub selbst.

Unsere Bürgermeister und Bürgermeisterinnen sind Multitalente: Juristen, Baumeister, Hausmeister, Sozialarbeiter, Seelsorger und Entertainer. Sie regieren und reagieren, reparieren und repräsentieren rund um die Uhr. Nur eines können sie nicht leiden. Da sind sie hart und streng: wenn du dein Auto vor dem Rathaus auf den Parkplatz des Bürgermeisters stellst. Da hört der Spaß auf. Bisher hat noch kein Bürgermeister dem Parksünder die Reifen durchstochen. Im Netz tauschen sich die Gemeindeoberhäupter und Oberhäupterinnen bereits über Sanktionen aus. Folgende Möglichkeiten werden derzeit diskutiert: Drei Stunden am Pranger stehen, mit einem Schild um den Hals: „Ich bin ein Parksünder!"

Weitere mögliche Sanktionen sind zehn Stunden Zwangsarbeit im Wertstoffhof oder vier Wochen lang Fenster putzen im Rathaus. An den Ausführungsbestimmungen für diese Sanktionen wird noch gearbeitet. Ich kann Ihnen jedenfalls nur raten, vor den Rathäusern in Franken ordnungsgemäß zu parken. Aber das ist ja nicht zu viel verlangt.

Jedenfalls können wir mit unseren fränkischen Bürgermeister und Bürgermeisterinnen sehr zufrieden sein. Sie sind demokratisch begabt, mit künstlerischer Ader. Wenn der Nürnberger Oberbürgermeister in der Tafelhalle den Kabarettpreis vergibt, ist sein Grußwort meistens witziger als das Programm der Kabarettisten, und unser Bürgermeisterchor könnte in der Bundesliga locker mithalten.

Die Fränkin und die Monarchie

Mit den Engländern verbindet uns Franken die englische Sprache. In meinem Englischbuch stand auf der ersten Seite neben dem Bild eines Frosches die Frage: „Is this a dog?" Die Antwort: „No, this is not a dog! This is a frog!" Man fragt sich natürlich, welches pädagogische Interesse zu dieser Frage führt, noch mehr zu dieser erstaunlichen Antwort. Leider ist das bis heute nicht genau geklärt. Vielleicht hatte der Sprachpädagoge zuhause einen Hund und in seinem Garten einen kleinen Weiher. Da fragte er sich natürlich jede Nacht, wer da so laut quakt. Seine verschlafene Antwort: „This is not a dog!" So könnte es gewesen sein.

Unser „Understatement"

Insgesamt geht es uns Franken mit der englischen Sprache so wie mit unseren Frauen: Wir lieben sie, aber wir beherrschen sie nicht. In den sechziger Jahren des vergangenen Jahrhunderts besuchte der große Vorsitzende der britischen Eisenbahnergewerkschaft, John Robert Smith, die fränkische Eisenbahnergewerkschaft. Beim Empfang im alten Rathaussaal hielt der Chef der fränkischen Eisenbahnergewerkschaft eine kurze Rede. Ungefähr so: „Ladies and gentlemen, your visit is a great honour for us. Great Britain and Mittelfranken are two shoes, but one pair!" Der große Vorsitzende der britischen Eisenbahnergewerkschaft verzog nur leicht das Gesicht. Man merkte ihm jedoch deutlich an, dass er das „Understatement" vermisste.

Gerade unseren Hang zum Understatement schät-
zen die Engländer sehr. Meistens übertrumpfen
wir Franken die Engländer beim Understatement.
Jammert ein Engländer bei schlechtem Wetter:
„It´s raining cats and dogs", bemerkt der Franke:
„Heid renggds a bissla". Das gefällt den Engländern an uns. Die Engländer strecken beim Victory-
Zeichen den Zeigefinger und den Mittelfinger nach
oben. Wir strecken beim Victory-Zeichen den Mittelfinger und den Zeigefinger nach unten.

Liebe zur Monarchie

Die innigste Verbindung von Franken und Engländern ist jedoch die Liebe zur Monarchie. Das
gilt besonders für die Frauen. Das begann schon
mit Queen Mum vor 60 Jahren, setzte sich fort mit
Queen Elizabeth II. und erreichte mit Lady Di den
berauschenden Gipfel. Wann immer eine Hochzeit
im englischen Königshaus gefeiert wird, laufen in
den fränkischen Wohnzimmern die Fernseher
heiß. Nörgelnden Ehemännern ist der Zutritt
streng verboten. Schon die Vorberichte Wochen
vor dem Großereignis werden genau verfolgt.
Wenn die Hofberichterstatter Einzelheiten der
Speisekarte erregt in die Mikrofone raunen, läuft
vielen Fränkinnen ein kalter Schauer über den Rü-
cken. Erst recht bei den Details zum Brautkleid,
zum Brautschleier, zum Brautstrauß, zur Brautfri-
sur und Brautfigur. Da stehe ich fassungslos dane-
ben.

Beim Einzug des königlichen Brautpaares in West-
minster Abbey stehen viele Fränkinnen im Wohnzimmer auf. Manche schwingen die britische und

die fränkische Fahne. Bei der Traufrage des Erzbischofs von Canterbury atemlose Stille. Nach dem „Yes, I will!" werden die Taschentücher gezückt und das Geschniefe geht los.

Wie ist so etwas möglich? Dafür gibt es nur eine feministische Erklärung: die tiefe Sehnsucht mancher Fränkinnen nach dem Matriarchat. In Franken fehlen weibliche Führerinnen. Bisher regieren uns wenige Bürgermeisterinnen. Keine Regierungspräsidentin. Keine Bezirkstagspräsidentin. Die Oberbürgermeisterin von Ansbach ist da eine rühmliche Ausnahme. Da wundert es nicht, dass die Fränkinnen ihre Sehnsucht nach weiblicher Herrschaft auf die englische Königin übertragen. Eine Angela Merkel ist da zu wenig. Die Queen Elizabeth vermittelt mehr „Leadership".

Die Schmach von Wembley

Ich selber leide unter meinen zwiespältigen Gefühlen zu England. Zwar spreche ich fast perfekt Frenglisch, kann aber das Wembley-Tor nicht vergessen. Das war für mich ein Tiefschlag. Sie wissen, 1966 das Weltmeisterschaftsendspiel: Der Ball springt auf die Torlinie, und der russische Schiedsrichter entscheidet auf Tor. Das konnte ich gerade noch verkraften. Aber am nächsten Tag die englischen Zeitungen: Die „Sun" titelte auf der ersten Seite: „Victory! Victory! Victory!" Der „Daily Mirror" war noch grausamer: „Germany Defeated!" Und dann die Fotos in der „Sun" und im „Daily Mirror". Überall Engländer mit dem Victory-Zeichen und triumphierendem Lachen. Seit der

Schmach von Wembley lese ich die „Sun" und den „Daily Mirror" nicht mehr.

Meine Frau versteht nicht, dass ich da so nachtragend bin. Aber ich kann auch nicht über meinen Schatten springen. Allerdings gefallen meiner Frau und mir die englische Nationalhymne. Wir hören sie gerne gemeinsam an. Manchmal singen wir sogar mit:

„God save our gracious Queen.
Long live our noble Queen.
God save the Queen!"

Was für ein Text! Voll göttlicher Monarchie. Was für eine Melodie! Einfach majestätisch!

Rom hin und zurück

Was verbindet uns Franken mit Rom? Früher die alte Römerstraße. Heute die „Via regia transalpina", der Brenner. Konfessionell betrachtet, verbindet uns die katholische Kirche. In Unterfranken sind die meisten Franken und Fränkinnen fränkisch-römisch. In Mittelfranken überwiegen die fränkisch-lutherischen. In Oberfranken steht es unentschieden. Im Zusammenleben gibt es heute kaum konfessionelle Probleme. Früher war das anders. Da ermahnte der Vater in Würzburg seinen Sohn: „Bring uns bloß ke Ludderische hem!" Die Mutter in Ansbach warnte ihren Sohn: „Spiel ned mid kadolische Madli!"

Heute ist alles ganz anders. Da pilgern sogar evangelische Bischöfe nach Rom, lassen sich gerne mit dem Papst fotografieren und fühlen: „Wir sind Papst!" Vor jeder Papstwahl bietet das „Fränkische Reisebüro" Pilgerfahrten nach Rom an. Der Reiseprospekt verspricht einen Wahlkrimi mit schwarzem Rauch und weißem Rauch. Bei der feierlichen Inthronisation werden Spitzenplätze ganz vorne angepriesen. Mein fränkisch-lutherischer Freund, der Martin Muggerer aus Muggendorf, war bei der letzten Papstwahl dabei. Er kam begeistert zurück. Er erzählte, wie nach der Wahl sich auf dem Petersplatz wildfremde Menschen in den Armen lagen. Er umarmte einen Indio aus Peru, eine Nonne von den Philippinen und eine Lehrerin aus Essex. Minutenlang riefen sie im Chor: „Benedetto, Benedetto, Benedetto." Viele Pilger und Pilgerinnen schwenkten ihre Nationalfahnen. Zum Glück hatte der Muggerers Martin seine Clubfahne dabei.

Alle waren begeistert. Über dem Portal des Petersdoms, auf einem großen Balkon, ließ ein Kardinal weiße Tauben aus einem roten Tuch fliegen. Dabei verkündete er: „Habemus papam!" Engelgleiche Knabenstimmen sangen das „Laudate dominum". „Das geht wirklich unter die Haut", sagte der Muggerers Martin. „Da erlebst du Weltkirche. Keine lutherische Provinz."

Ich war schon in Sorge, dass mein Freund katholisch wird. Aber wenn die Pilger dann wieder in Franken sind, kühlen sie schnell ab. Wenn sie hören, was Rom zu den Verhütungsmitteln verkündet, dann schütteln viele nur den Kopf. Dann ist Rom weit weg. Wenn sie hören, was Rom zur Wiedertrauung Geschiedener sagt, dann schütteln viele nur den Kopf. Dann ist Rom noch weiter weg. Wenn sie hören, was Rom zu Ökumene sagt, dann schütteln noch mehr Leute mit dem Kopf. Dann ist Rom noch viel weiter weg. Bei meinem Freund Martin war das ebenso. Er überstand die Romreise ohne Folgeschäden.

Mir gefällt es, dass viele „Fränkisch-Römische" und „Fränkisch-Lutherische" heute Freunde sind. Das ist wirklich ein Wunder. Vor 500 Jahren wurde der Martin Luther exkommuniziert. Wenn die „Römischen" ihn erwischt hätten, dann wäre er auf dem Scheiterhaufen gelandet. Zum Glück haben sie ihn nicht erwischt. Vielleicht wollten sie ihn auch gar nicht erwischen. Die Kirchendiplomatie ist oft undurchsichtig und reagiert mit viel Ver-

spätung. Manchmal sogar mit sehr viel Verspätung. Wir alle können froh sein, dass die Kirchendiplomatie nicht für die Deutsche Bahn zuständig
ist. Dann hätten die meisten Züge Verspätung, und
im Winter ginge gar nichts mehr.

Aber, wie schon gesagt, unsere fränkische Ökumene funktioniert. Evangelische und Katholische
spielen gemeinsam Halma und Mikado, twittern
miteinander im Internet, üben Tai Chi oder besuchen den Dalai Lama. Übrigens, wenn Sie wieder
einmal privat nach Rom fahren, sollten Sie unbedingt die Kirche St. Pauli anschauen. Die neue Or-
gel von St. Pauli hat drei Manuale und über sechzig Register. Der Organist ist ein Bachfan durch
und durch. Er spielt für Sie, gegen eine kleine
Spende, gerne ein Präludium von J. S. Bach.

Reformpädagogik

„Eine Gesellschaft zeichnet sich dadurch aus, wie sie ihre Lehrer achtet!" Da stimme ich dem Philosophen Karl Jaspers zu. Wir Franken achten unsere Lehrer und Lehrerinnen. Meistens. Deshalb sind unsere fränkischen Lehrer und Lehrerinnen spitze. Unsere Kinder gehen gerne in die Schule. Die Ferien sind für sie eine harte Strafe.

In der Grundschule dürfen die Kinder sogar fränkisch sprechen. Wenn sie wollen. Vom „Staatsinstitut für Schulqualität und Bildungsforschung" wird das neuerdings unterstützt. Originalton aus München: „Kinder, die Dialekt sprechen, haben eine innere Mehrsprachigkeit und besitzen dadurch eine höhere Sprachkompetenz." Jetzt weiß ich auch, warum ich so leicht Fremdsprachen lerne. Das liegt daran, dass für mich Hochdeutsch die erste Fremdsprache war. Ich bin zweisprachig aufgewachsen und verfüge über eine „innere Mehrsprachigkeit".

Hoch entwickelte Lobkultur

Aber zurück zu den fränkischen Lehrerinnen und Lehrern. Ihre pädagogische Stärke liegt darin, dass sie die Kinder sehr oft loben. Sie schauen immer zuerst auf das Positive. Die Kritik folgt an zweiter Stelle. Ein Beispiel: In der dritten Klasse wird ein Diktat geschrieben. In der Überschrift „Diktat" macht der kleine Dieter drei Fehler, weil er Diktat mit „g" und zwei „d" schreibt. Die Lehrerin lobt zuerst: „Prima, Dieter, du hast die Hälfte der Buchstaben richtig geschrieben. Nur drei Buchstaben sind falsch." Stellen Sie sich diesen Fortschritt vor. Zu unserer Schulzeit, wenn du drei Fehler in einem Wort gemacht hast, dann hat der Lehrer mit roter Tinte so drin rumgestrichen, dass du das Wort nicht mehr lesen konntest. Wenn du Pech hattest, dann schrie er dich an, wie blöd du bist oder er hat dir gleich eine gescheuert. Ganz anders heute die freundliche fränkische Reformpädagogik.

Jedenfalls lernen wir Franken schon sehr früh, dass viele Worte nicht so geschrieben werden, wie wir sie aussprechen. Das ist ein großer Vorteil und verschafft einen Vorsprung gegenüber den Schülern und Schülerinnen, die nur mit Hochdeutsch aufwachsen.

Eselsbrücken

Ganz fortschrittlich ist unsere Pädagogik bei der Mathematik. Unsere fränkischen Lehrer und Lehrerinnen haben da ein ausgeklügeltes System von Eselsbrücken entwickelt. Soll sich ein Kind eine Zahl merken, dann geht es immer von seinem Geburtstag aus. Hat ein Kind zum Beispiel am 17. Juli Geburtstag, dann ist 17 die so genannte Basiszahl. Jede Zahl liegt entweder über 17 oder unter 17. Das Kind muss sich dann nur merken, um wie viel die Zahl unter 17 oder über 17 liegt. Ein Beispiel: Die Zahl 16. Ganz einfach. Das Kind geht von 17 aus und merkt sich, dass 16 eins weniger als 17 ist. Ein Kind soll sich die Zahl 21 merken. Ganz einfach. Das Kind geht von 17 aus und merkt sich vier. 17 plus 4 ist 21. Auf diese Weise lernen die

Kinder gleich das Addieren und Subtrahieren. Ich sehe, Sie haben die Sache begriffen. Wenn das Kind seinen Geburtstag vergessen hat, so ist das auch nicht schlimm. Bei einer Rechenprobe darf der Lehrer beziehungsweise die Lehrerin dem Schüler sogar den Geburtstag verraten. Allerdings nur, wenn der Schüler an diesem Tag nicht Geburtstag hat.

Unsere fränkische Pädagogik ist fortschrittlichst. Keine Wunder, dass bei der Pisa-Studie Schülerinnen aus Franken stets in der Spitzengruppe zu finden sind. Die Schüler hinken leider etwas hinterher. Woran das liegt, ist noch nicht genau erforscht. Auf keinen Fall liegt es an den Lehrern und Lehrerinnen.

Soziale Kompetenz

Vorbildlich ist in Franken auch das soziale Verhalten der Kinder. Sie grüßen sogar ihre Lehrer und Lehrerinnen. Kurz vor den Sommerferien hat in der dritten Klasse der Björn der Melanie eine reingehauen. Die Melanie heulte los wie eine Sirene. Sofort intervenierte die Lehrerin mit pädagogischem Geschick. Sie ging zu Björn hin und fragt ruhig: „Björn, würde es dir gefallen, wenn ich dir jetzt auch eine Watschen geben würde?" „Na!", sagte Björn und verzog sein Gesicht. „Was du nicht willst, das man dir tu, das füg' auch keinem anderen zu!" So schloss die Lehrerin ihre pädagogische Intervention ab. Der Björn überlegte kurz. Dann lächelte er verlegen, zog einen vertrockneten Schokoladennikolaus aus der Hosentasche und hielt ihn der Melanie hin. Die Melanie hörte sofort auf zu weinen. Sie nahm den Schokoladennikolaus gerne an. Seitdem hat der Björn nie mehr ein Mädchen geschlagen. Nur noch vertrocknete Schokoladennikoläuse verteilt.

Musische Erziehung

Die größte Stärke unserer Lehrer und Lehrerinnen liegt jedoch in ihrer musischen Begabung. Jeder Lehrer, jede Lehrerin spielt ein Instrument: Triangel, Mundharmonika oder Blechtrommel. Manche spielen sogar Fagott. Aber das werden immer weniger. Jeden Morgen gibt es in der Grundschule einen so genannten Morgenkreis. Da wird gesungen und gebetet. Ein beliebtes Lied ist: „Hallo, hallo, schön, dass du da bist! Hallo, hallo, ich freue mich so sehr!" Bei „Hallo, hallo" wenden sich die Kinder dabei ihrem Nachbarn zu. Was meinen Sie, warum die „Windsbacher" und „Viva Voce" so gut singen können? Das liegt am Morgenkreis in den fränkischen Grundschulen.

Ein pädagogisch besonders wertvolles Lied ist das sogenannte „Kindermutmachlied". Es kommt aus Franken. Ein ehemaliger „Windsbacher" hat es geschrieben. Der Text ist wunderbar: „Wenn einer sagt, ich mag dich, du, ich find dich ehrlich gut, dann krieg ich eine Gänsehaut und auch ein bisschen Mut!" Stellen sie sich vor, so etwas singen die Kinder bei uns schon früh um 8 Uhr in der Schule. Das gibt Selbstvertrauen. Das baut sie auf. Bei uns lernen die Kinder schon in der ersten Klasse, dass sie ihre Sympathie zeigen sollen: „Ich mag dich, du!" Wann haben Sie zum letzten Mal zu ihrer Frau oder zu ihrem Mann gesagt: „Ich find dich ehrlich gut!"? Das Gemeinschaftsgefühl entwickeln unsere Kinder schon in der Grundschule. Deshalb sind wir Franken so gerne mit anderen zusammen. Viele Franken sind „Gem-Typen". Viele Fränkinnen „Gemina-Typen". Das liegt an unserer fränkischen Reformpädagogik.

Besonders fortschrittlich ist bei uns die Zusammenarbeit von Eltern und Lehrern. Monatlich findet ein Elternabend statt. Da lernen dann die Väter und die Mütter die Lob-Pädagogik, die Eselsbrücken und die Mutmachlieder. Die Eltern geben das dann an die Nachbarn und Kollegen weiter. Ein stimmiges pädagogisches Gesamtkonzept. Die Eltern freilich verstehen oft nicht die Eselsbrücken beim Rechnen. Sie greifen lieber zum Taschenrechner. Aber in vielen fränkischen Familien singt der Mann schon vor dem Frühstück: „Hallo, Schatz, schön, dass du da bist. Hallo, hallo, ich freue mich so sehr!" Und die Frau singt dann zu ihrem Mann: „Ich mag dich, du; ich find dich ehrlich gut!" Unglaublich, aber fast wahr.

Die Fränkin und ihr Mann

Der Franke und die Fränkin sind wie Yin und Yang: verschieden, aber unzertrennlich; gegensätzlich, aber harmonisch verbunden. Früher dachten wir Franken mehr in Gegensätzen: Schwarz oder weiß, entweder – oder, jetzt oder nie. Die chinesische Lehre von Yin und Yang lehrt uns, dass Gegensätze zusammengehören. Ich bin wirklich froh, dass wir Franken da von den Chinesen gelernt haben. Das Schwarz-Weiß-Denken nimmt bei uns immer mehr ab. Das Streben nach Ausgleich und Harmonie dagegen nimmt zu.

Frauen als Vorbild

Wissenschaftliche Untersuchungen ergeben, dass wir Franken Frauenversteher sind. 90 Prozent der Franken sagen: Meine Mutter und meine Ehefrau sind für mich die größten Vorbilder. Stellen Sie sich das vor. Das ist in Europa einzigartig. Ein Professor aus Bamberg hat das Ergebnis zwar problematisiert. An zwei Gegenargumente erinnere ich mich: Erstens meinte er, wissen die Franken vielleicht nicht, was Vorbilder sind. Zweitens meinte er, dass die Computer bei der Auswertung überfordert waren. Ich halte das für einen professoralen Schmarrn und außerdem für frankenfeindlich. Ich meine wirklich, dass der Franke gegenüber Frauen einen tiefen Respekt empfindet. Er zeigt ihn jedoch nur selten. Diese wissenschaftliche Untersuchung damals war übrigens anonym. Anonymer geht es nicht. Auf dem Fragebogen durfte niemand seinen Namen schreiben, nur eine Kennziffer.

Psychologisch ist das Ergebnis hoch interessant. Wie kommt es, dass der Franke anonym so eine Hochachtung vor Frauen hat? Ich denke, das hängt mit dem Ödipuskomplex zusammen. Jetzt fragen Sie vielleicht, wer ist denn dieser Ödipus? Was ist das für ein Komplex? Ich habe mich das auch gefragt. Ein Freund erklärte mir das so: Der Komplex stammt aus der Kindheit. Der kleine Franke ist heimlich scharf auf seine Mutter. Aber da schiebt natürlich der Vater seinen Riegel vor. Der kleine Franke muss also seine liebevollen Gefühle in die Anonymität verdrängen und ärgert oft seine Mutter. Aber das will er eigentlich gar nicht, das heißt, er handelt anders als er unbewusst will.

In dem Augenblick aber, wo der erwachsene Franke anonym etwas über seine Mutter sagen darf, sagt er das, was er wirklich fühlt und denkt. Was der Franke unbewusst über seine Mutter denkt, überträgt er auf seine Frau. Das ist psychologisch gesehen, so sagt mein Freund, eine klassische Übertragung. Das klingt etwas kompliziert. Diese Theorie erklärt jedoch, warum der Franke eben gerade anonym mit größter Hochachtung von Frauen spricht. Die Fränkin ihrerseits schätzt an ihrem Mann besonders seine Hilfsbereitschaft und seine Sparsamkeit, mit Abstrichen auch seinen Charme.

Kleine Differenzen

Trotz aller Wertschätzung kommt es zwischen der Fränkin und ihrem Mann manchmal zu Differenzen. Meine Frau diskutiert mit mir am liebsten darüber, wo meine schwarze Hose hängt. Fast jeden Sonntagmorgen ist das meine erste Frage: „Wo ist meine schwarze Hose?" – „Da, wo sie immer hängt", meint meine Frau. Ich höre natürlich den ironischen Unterton. Außerdem stört mich das „immer". Immer hängt meine schwarze Hose nicht im Kleiderschrank. Fast jeden Monat ist sie in der Reinigung oder sonstwo. „Da hängt sie eben nicht!", behaupte ich stocksteif und schiebe im Morgengrauen die Kleiderbügel hin und her. „Hast du sie schon wieder in die Reinigung?", rufe ich etwas lauter. „Schau halt gscheit nach", gibt meine Frau zurück. Sie ist noch relativ gefasst. „Ich finde sie nicht. Helf mir doch!" Meine Frau wird lauter: „Jeden Sonntag das gleiche Theater mit dir!" Zielstrebig geht sie zum Kleiderschrank. Nach zwei, drei Handgriffen hält sie mir meine schwarze Hose unter die Nase und lacht. Mir stinkt das gewaltig. Diese Blamage muss ich erst verkraften. Selbstverständlich kann ich das nicht so einfach hinnehmen. „Das nächste Mal hängst du die Hose so in den Kleiderschrank, dass ich sie finde", motze ich und schnappe mir die Hose. Meine Frau lächelt und schweigt. Dieses feminine Schweigen spricht zweifellos für sie.

Manchmal streite ich mit meiner Frau auch darüber, wo der Autoschlüssel ist. Erst neulich habe ich ihn lange gesucht. Ich suchte am Schlüsselbrett: kein Autoschlüssel! Ich schaute auf dem Telefontisch nach: kein Autoschlüssel! Ich suchte in meiner Hosentasche: kein Autoschlüssel! Da kam mit natürlich sofort der Verdacht, dass meine Frau wieder den Autoschlüssel verlegt hat. „Wo hast du denn wieder den Autoschlüssel hin?" Keine Antwort. Ich rufe etwas lauter: „Wo ist denn der Autoschlüssel schon wieder?" Keine Antwort. Wahrscheinlich ist meine Frau beim Einkaufen oder im Fitnesscenter, und ich stehe ohne Autoschlüssel da. Eine saudumme Situation. Da fällt mir ein, dass meine Frau letzte Woche den Haustürschlüssel im Büro vergessen hat. Vor zwei Jahren verlor sie im Urlaub sogar den Hotelzimmerschlüssel. Den Frauen kannst du keine Schlüssel geben! In diesem Augenblick lange ich in meine rechte Sakkotasche. Sie können sich vorstellen, was ich da finde: den Autoschlüssel. Ich überlege kurz, ob vielleicht meine Frau heimlich den Autoschlüssel in meiner Sakkotasche versteckt hat. Aber dann fällt mir ein, dass ich gestern schon das Sakko getragen habe.

Am Abend verschweige ich meiner Frau das Missgeschick nicht. Meine Frau erzählt mir daraufhin folgenden Witz: Unter einer Straßenlampe steht ein betrunkener Mann und sucht etwas. Da kommt ein Polizist vorbei und fragt ihn, ob er etwas verloren habe. „Des kommer laud soong", sagt der Betrunkene, „mein Audoschlüssl!" Nun suchen beide, finden ihn aber nicht. Da fragt der Polizist: „Sind Sie sicher, dass Sie Ihren Schlüssel hier verloren haben?" Der Betrunkene antwortet: „Naa, ned doo, weider hindn. Obber doo hindn is schdoggfinsder, doo seeng mer nix!" Ich finde den Witz wirklich gut. Aber nur kurze Zeit. Denn meine Frau fährt kühl fort: „Du suchst die Schlüssel auch oft an der falschen Stelle und bist dabei nicht betrunken. Das ist viel schlimmer!"

Die weibliche Kritik ist meistens berechtigt. Der Franke liebt durchaus eine kreative Unordnung und sucht deshalb die Dinge oft an der falschen Stelle. Gerade der Tadel zieht ihn jedoch noch intensiver zu seiner Frau hin, wie das Yang zum Yin. Er weiß: Meine Frau hat Recht, auch wenn sie etwas übertreibt. Aber selbst die Übertreibungen liebt der Franke an seiner Frau. In ihnen spürt er Leidenschaft, weibliche Energie, knisternde Erotik. Nicht selten führt der weibliche Tadel zu einer neuen Harmonie von Yin und Yang. In Franken gilt: Yin und Yang – „das bassd zam!".

Unsere Hilfsbereitschaft

Auf ein Lob können wir Franken besonders stolz sein: auf die Lobrede Philipp Melanchthons. „Scis me Francos diligere", schreibt Melanchthon 1553 an einen Freund nach Augsburg. „Du weißt, dass ich die Franken liebe!" Seine Frankenliebe ist nicht nur ein Gefühl. Melanchthon liefert überzeugende Argumente. Sie gelten bis heute.

Er nennt zunächst die herrliche Landschaft Frankens. Zweitens die heroische und ruhmreiche Geschichte von den Zeiten der Römer bis hin zur Gegenwart. Und dann drittens die besonderen Begabungen der Franken. Ausdrücklich nennt er: Willibald Pirckheimer und den Mathematiker J. Regiomontanus. Den Mathematiker kenne ich zwar nicht. Aber wenn Melanchthon ihn nennt, dann ist er sicher ein bedeutender Mann. Die außergewöhnliche Häufung von fränkischen Geistesgrößen erklärt sich Melanchthon mit Hilfe der Astrologie. Er meint, dass die Planetenkonstellation uns Franken in die Karten spielt. Nürnberg und Neuendettelsau sind davon besonders begünstigt.

Im Schlussteil seiner „Lobrede auf Franken" zeigt sich Melanchthon als echter Weltbürger. Er schreibt, dass er mit dem Lob der Franken nicht die Tugenden anderer Volksstämme herabsetzen will. Der Name Frankens ist ja keine exklusive Stammesbezeichnung. Deshalb können sich durch die Lobrede auch Nicht-Franken angesprochen fühlen.

Fränkische Ethik

Übrigens hat uns Franken schon der große Philosoph Aristoteles gerühmt, obwohl er uns nicht kannte. In seiner Ethik. Da lehrt Aristoteles, wie der Mensch handeln soll. Gut ist, sagt Aristoteles, die Mitte zwischen zwei Extremen. Die Mitte zwischen Geiz und Verschwendung ist die Sparsamkeit. Die Mitte zwischen Angeberei und Minderwertigkeitsgefühlen ist die Bescheidenheit. Die Mitte zwischen Faulheit und Arbeitswut ist der Fleiß. Sparsamkeit, Bescheidenheit und Fleiß sind demnach sittlich gut. Genau dies ist unsere fränkische Ethik. Der Franke und die Fränkin sind sparsam. Sie halten ihre „Woar zam" und sie sind bescheiden.

Außerdem sind wir Franken sehr hilfsbereit. Wir helfen einfach gern. Deshalb setzen wir zu Hause gerne die Handwerkermütze auf. Wenn ein Gast beim Essen bemängelt: „Der Tisch wackelt", dann setzen wir sofort die Handwerkermütze auf und legen einen Bierdeckel unter das Tischbein. Wenn ein Gast sagt: „Das Bild an der Wand hängt schief", dann setzen wir sofort die Handwerkermütze auf und hängen das Bild gerade hin. Wenn der Gast jedoch über das Essen motzt, dann wirft der Franke seine Handwerkermütze in die Ecke und zischt: „Wassd wos? Wenn dir des Essn ned bassd, gäisd ham und kochsd dir selber wos!" Solche Scharmützel kommen Gott sei Dank selten vor.

Unsere Hilfsbereitschaft

Vor zwei Jahren erhielt der Religionslehrer Alfred Frömmerlein aus Frommersfelden sogar den alternativen Nobelpreis für Hilfsbereitschaft. Der Frömmerlein traf auf dem Autobahnrastplatz bei Brunn zufällig einen verwirrten französischen Tramper. Der Tramper hatte glasige Augen und wollte mit seiner Rotweinflasche zu den Jesuiten nach St. Konrad. Der Frömmerlein nahm ihn mit und fuhr los, wie der Michael Schuhmacher nach einem Boxenstop. Der Franzose zitterte vor Angst. Als der Frömmerlein den Angstschweiß des Franzosen roch, setzte er die Warnblinkanlage, fuhr rechts ran und hielt auf den Seitenstreifen. Er faltete die Hände und sprach ein kurzes Gebet für den Franzosen. Dann fuhr er wie eine gesengte Sau weiter und lieferte den Franzosen bei den Jesuiten in St. Konrad ab. Soviel Hilfsbereitschaft ist bei uns fast selbstverständlich. Es gibt da viele Beispiele.

Wenn zum Beispiel die Fränkin ihren Mann bittet: „Dädsd du vielleicht für mich den Müll ausleern?", dann packt der Franke zu. Er schmeißt den Müllbeutel nicht einfach ins Klo oder bei der Nachbarin über den Gartenzaun. Nein! Er geht, ob es regnet oder schneit, die 35 Meter bis zum Müllhäuschen und entsorgt vorschriftsmäßig den Müll. Wenn er vergnügt zurückkommt, bittet nicht selten seine Frau: „Dädsd du vielleicht für mich die Flaschn zum Glaskondainer bringa?" Fast ohne Murren entsorgt der Franke die Flaschen, getrennt nach Braunglas, Grünglas, Weißglas und Blauglas. Kommt er dann immer noch vergnügt nach Hause, kann es sein, dass seine Frau ihn bittet: „Dädst du vielleicht für mich die Zeidunga zum Altpapier bringa?" Die Reaktion des hilfsbereiten Franken ist dann unterschiedlich. Sie reicht von „Sunsd nu wos?" bis hin zu „Edzerd gäisd mir langsam afm Wegger!"

Nicht nur im privaten Bereich, auch für die Gemeinschaft engagieren wir uns. Über fünfzig Prozent der Franken und Fränkinnen sind ehrenamtlich aktiv, zum Beispiel bei der Freiwilligen Feuerwehr, beim Roten Kreuz, in der Kirche, im Sportverein oder bei den Landfrauen. Leider brennt es bei uns nicht mehr so oft. Deshalb bauen viele Gemeinden Feuerwehrübungsplätze und Feuerspielplätze mit modernster Pyrotechnik. Über Silvester haben diese Feuerspielplätze selbstverständlich geschlossen.

Für ihre herausragende Hilfsbereitschaft wurden die Franken 2008 von der UNESCO mit dem „Rosaroten Gummibären" ausgezeichnet. Er steht im Amtszimmer den Regierungspräsidenten in Ansbach. Von der Evangelischen Landeskirche wurde das Dekanat Muggendorf wegen seines vorbildlichen Umweltverhaltens für den „Grünen Gockel" vorgeschlagen.

Unser fränkisches Umweltbewusstsein hätte sicher schon dem alten Aristoteles imponiert. Seine Ethik hängt eng mit der Religion zusammen. Auch bei uns Franken ist das so. Das zeigt unser fränkischer Gottesbeweis. Er lautet: „Von nix kummd nix!" In der fränkischen Schulordnung ist deshalb die Ehrfurcht vor Gott extra als Erziehungsziel genannt. Glaube und Vernunft gehören für uns zusammen. Darauf könnten wir stolz sein. Weil wir Franken aber nicht stolz, sondern bescheiden und sparsam sind, sparen wir uns bescheiden sogar den Stolz.

Auf dem Jakobsweg

Was verbindet uns Franken mit Spanien? Der Jakobsweg! Wenn du in Nürnberg, St. Jakob, am weißen Turm, losläufst, kommst du über Schweinau nach Oberweihersbuch. Dort ist eine Jakobskirche. Von Oberweihersbuch verläuft der Weg über Heilsbronn, Weihenzell, Häßlabronn nach Rothenburg, St. Jakob. Das ist unser fränkischer Jakobsweg. Dann fährt man am besten mit dem Auto oder mit dem Zug nach Frankreich und läuft von St. Jean über Santo Domingo de la Calzada, Burgos und Leon nach Santiago de Compostella. Ein Traum! Was für eine Landschaft mit herrlichen Dörfern, großartigen Kathedralen, und der Rotwein...!

Das Pilgern ist des Franken Lust

Wer auf dem Jakobsweg pilgert, wird ein anderer Mensch. Nicht besser. Aber anders. Ihm wird klar: Wir sind Pilger! Das ist wahr! Auf dem Jakobsweg, kommt jeder an einen Punkt, an dem er denkt: „Jetzt kann ich nicht mehr! Es geht nicht mehr weiter!" Wie im richtigen Leben! Und dann wäschst du dir die Hände und die Füße, ziehst ein frisches Hemd und frische Socken an, isst Pfannkuchen mit Marmelade, trinkst ein Glas Rotwein oder zwei, und am nächsten Tag sieht die Welt wieder ganz anders aus. Wie im richtigen Leben.

Ich bin ein kurzes Stück auf dem Jakobsweg gelaufen. Viele Menschen habe ich da getroffen, wunderbare Leute: Die Astrid aus Stockholm, die Renate aus München, den Bernd aus Hepberg und die Mary mit ihrem Jim aus Chicago.

Der Herbert aus Buchenbühl

Zwischen Santo Domingo de la Calzada und Burgos traf ich den Herbert aus Buchenbühl. Ich sah ihn schon von Weitem auf einem Stein sitzen. Er hatte einen breiten Sonnenhut auf und stützte sich auf seinen großen Pilgerstab. Bei ihm angekommen, fragte ich ihn auf Französisch nach dem Weg Der Herbert sah mich so von der Seite an. Auf Fränkisch erklärte er: „Mid mir konnsd du deidsch reden. Ich bin der Herbert aus Buchenbühl!" – „Und ich der Koarl aus Langwasser!", sagte ich.

„Noch Burgos?" – „Da läffsd du do vorn des Hubberla nauf. Dann kummd a Bächla mid äm Brüggla. Do gäisd du links und dann immer grodaus, 24 Kilometer bis Burgos!" Ich stellte meinen Rucksack auf den Boden, zog eine Wasserflasche heraus und trank sie halb leer. Dann setzte ich mich zu Herbert auf den warmen Stein. Und Herbert erzählte mir seine ganze Lebensgeschichte. In Ziegelstein ist er aufgewachsen, war dort Ministrant und bei den Pfadfindern. Leider fand er nie den richtigen Pfad zum Herzen einer Frau. Jedes Jahr läuft er nun eine Woche auf dem Jakobsweg und hofft dabei, eine Pilgerin zu finden. Vor zwei Jahren traf er bei Burgos die Barbara aus Bamberg. Sie pilgerten zusammen nach Burgos, gingen gemeinsam zum Essen und tranken eine Flasche Rotwein. Aber am nächsten Tag war die Barbara weg. Ohne ein Wort. Ohne eine Nachricht. Das hat den Herbert schwer getroffen.

Der Herbert zieht seine Schuhe aus und seine Strümpfe. Er zeigt mir die große Blase an seiner Ferse. „Mensch, Herbert, wie kannst du denn da noch laufen!", frage ich ihn. „Die Blasen sind nicht das Schlimmste. Die Knie sind viel schlimmer! Ohne Doping halte ich das nicht aus!" Und dann öffnet der Herbert seine Toilettentasche, genauer seine Pilgerapotheke. Sie glauben gar nicht, was da alles drin war: Pflaster, Spalttabletten, Voltaren forte, Rheumol, Wundpuder, Jod, Schlaftabletten, Ohrenstöpsel, Prostagutt, Abführmittel und Zahnseide. Der Herbert steckt seinen Toilettenbeutel wieder in den Rucksack, zieht seine Mundharmonika heraus und spielt. Es klingt wehmütig. Dann singt er sein Pilgerlied:

„Wär ich doch in Buchenbühl derhamm bliem!
Ich older Doldi.
Ich werd nie ein Pilger wern.
Wär ich doch in Buchenbühl derhamm bliem!
Das wär besser für mich, für mei Knie
und die Blosn an die Füß!"

Und dann erzählte der Herbert von seiner Mutter und von seinem Vater. Sie leben in einem kleinen Haus in Buchenbühl und warten, bis er wieder kommt. Beim Abschied vor zwei Wochen nahm ihn sein Vater in den Arm und sagte:

„Herbert, kumm bald wieder, bald wieder ham,
Herbertla, glaub mir's, mir zieht's mei Herz zam.
Ich mach mir solche Sorgn, Sorgn blouss um diech.
Dengg an dei Mutter, dengg aa an miech!"

Ich war tief gerührt. Zum Glück kam in diesem Augenblick ein kleiner, blauer Lastwagen, hielt an und nahm uns mit nach Burgos. Dort gingen wir in ein gutes Hotel, legten uns in die Badewanne und bestellten ein Vier-Gänge-Menü mit einer Flasche Rotwein. Am nächsten Tag sah die Welt dann wirklich ganz anders aus. Der Herbert schluckte zwei Spalttabletten und eine Kapsel Prostagutt. Dann sind wir weiter gepilgert. Solche Geschichten erlebst du nur auf dem Jakobsweg. Ich bin wirklich froh, dass ich den Herbert getroffen habe. Erst durch ihn habe ich begriffen, dass wir Franken und Fränkinnen Pilger und Pilgerinnen sind.

Französische Freunde

Franken und Franzosen verbindet heute eine innige Freundschaft. Aus Erzfeinden wurden Freunde. Das ist ein Wunder. Heute hat fast jede Stadt in Franken eine „Jumelage", eine Partnerschaft mit einer Stadt in Frankreich. Mittelfranken hat eine Jumelage mit der Region Limousin. Ansbach pflegt eine Jumelage mit Anglet in Südfrankreich. Viele Schulen in Franken haben Partnerschaften mit französischen Schulen. Ich war früher an der Oberrealschule in Ansbach. Damals hatten wir eine Jumelage mit einer Schule in Niort in der Nähe von Bordeaux.

Küssen erlaubt

In der neunten Klasse, mit fünfzehn Jahren, meldete ich mich für einen Schüleraustausch. Auf die Reise wurden wir gut vorbereitet. Unser Französischlehrer brachte uns bei, dass wir nie nur „oui" oder „non" sagen sollen. Sondern immer: „Oui, Madame!" oder „Non, Madame!"

Eine weitere „kulturelle Differenz" so sagte unser Lehrer, ist der Austausch von Küssen. Das interessierte mich selbstverständlich sehr. Er meinte damit nur die Küsse bei der Begrüßung und beim Abschied. Küssen bei der Begrüßung war für mich neu.

Und tatsächlich, bei der Ankunft in Niort umarmte mich meine französische Mutter und „Bussi, Bussi, Bussi!" Eine Wange küsste sie sogar doppelt. Zunächst kam mir das komisch vor, aber dann gefiel mir das doch sehr.

Später lernte ich Michelle kennen. Da gefiel mir das Küssen noch besser. Die Michelle wohnte in der Nähe von meinen französischen Eltern, in der Rue de la Jardin, No. 12. Ein kleines Haus mit dunkelroten Fensterläden. Über der Gartentür wuchs ein gebogener Rosenstock mit weißen Rosen.

Michelle, ma belle

Die Michelle hatte lange schwarze Haare und braune Augen. Sie war très jolie. Meistens trug sie einen roten Minirock und schwarze Lackschuhe. Auf jede Begrüßung mit ihr freute ich mich. Ebenso auf jeden Abschiedskuss. Dabei atmete ich immer tief ein und roch das süße Parfum von Michelle. „Plaisir" hieß es, und es war wirklich ein Vergnügen.

Und dann der Empfang im „Hôtel de Ville", im Rathaus, beim Bürgermeister. Der Bürgermeister hielt vor über 300 Gästen eine fulminante Rede. Ich stand dabei neben Michelle. „Mes chers amis", sagte der Bürgermeister, „je suis très heureux..." In diesem Augenblick passierte es. Michelle nahm meine rechte Hand und drückte sie ganz fest. Ich drückte gleich wieder zurück. Das ging solange, bis der Bürgermeister sein Weinglas erhob und ausrief: „Vive la France – vive la jumelage!" Und dann umarmten sich alle. Bussi, Bussi – links, rechts. Bussi, Bussi – rechts, links. Gott sei Dank stand die Michelle neben mir. Die Jacqueline und die Beatrice durfte ich auch küssen.

Dann stürmten die Kellner in den Saal mit Rotwein, Weißwein und Sekt. Eine Band spielte auf. Ein Chanson nach dem anderen. Selbstverständlich auch: „Michelle, ma belle" von den Beatles. Ich wusste gar nicht, dass ich so viele französische Lieder kenne. Selbstverständlich haben wir auch gesungen und getanzt. Sogar unser Französischlehrer tanzte eng umschlungen mit der französischen Deutschlehrerin. Ein europäischer Abend. Unvergesslich.

Aber dann kam der Abschied. Nach zwei Wochen. Die Michelle war dabei am Nordbahnhof in Niort. Sie flüsterte mir noch etwas ins Ohr. Ich verstand es zwar nicht, sagte aber trotzdem: „Oui, oui, Michelle!" Und dann fuhr der Zug aus der Bahnhofshalle und die Michelle mit ihrem Taschentuch auf dem Bahnsteig wurde immer kleiner.

Fast ein Jahr lang schrieben wir uns. Jede Woche einen Brief. Kurze Briefe: „Michelle, ma belle!", habe ich geschrieben und dann viel Platz gelassen und am Schluss: „Je t'aime!" Wir verstanden uns ohne Worte. Ich lernte, dass man auch zwischen den Zeilen lesen muss. Die Michelle schrieb immer nur: „Charles, mon cher ami!" Dann hat sie viel Platz gelassen und zum Schluss geschrieben: „Bussi, bussi, bussi, Michelle". Nach einem halben Jahr sind die Briefe von der Michelle kürzer geworden. Im letzten Brief schrieb sie nur: „Charles, mon ami, bussi, Michelle". Ich verstand sofort, was los war und schrieb zurück: „Michelle, ma belle. Bussi, Charles". Seitdem sind Michelle und ich befreundet ohne Briefe, ohne Worte. Michelle, ma belle.

Chinesen in Franken

Wer heute von Franken redet, muss auch von China sprechen! An dieser Realität kommt keiner vorbei. Was verbindet uns Franken mit den Chinesen? Die transsibirische Eisenbahn, über Moskau, Gorki, Kirow, Swerdlow, Omsk, Novosibirsk, Irkutsk, Ulan-Ute, Ulan-Bator führt sie direkt nach Peking. Vom Bahnhof in Peking ist es nicht weit bis zum „Platz des himmlischen Friedens". Das ist der Platz, wo die chinesische Polizei Demonstranten beruhigt. Genauer ruhig stellt.

Als Franken können wir die chinesische Kunst und Kultur nur bewundern. Die chinesische Sprache ist über fünftausend Jahre alt. Es gibt über zwanzigtausend Schriftzeichen. Zwanzigtausend Schriftzeichen! Allerdings kommt der Chinese im Alltag mit zweitausendfünfhundert Schriftzeichen aus. Wir Franken sind vor fünftausend Jahren mit drei Schriftzeichen, genauer mit drei Rauchzeichen, ausgekommen: Schwarzer Rauch für „Alarm, Alarm!". Weißer Rauch für „Gefahr ist vorbei". Weißer Rauch vermischt mit schwarzem Rauch bedeutete: „Gefahr verzieht sich langsam". Die Rauchzeichen bei der Papstwahl hat der Vatikan übrigens von uns übernommen.

Mao-am und Lang-Lang

Wir wiederum übernahmen Begriffe und Redewendungen von den Chinesen. Wenn ein Franke beim Metzger an der Theke 100 Gramm Gelbwurst bestellt und die Verkäuferin fragt: „Reichen 98 Gramm?", dann folgt die Antwort: „A weng zweng!" Viele Fahrradklingeln bei uns kommen aus China und klingeln chinesisch: „Kling, Ling, Ling!" Wenn die Kirchweihburschen den Maibaum aufstellen, dann sagt die Fränkin zu ihrem Mann: „Lang hald hie!" – „Wu hie?", lautet dann die Gegenfrage. Viele Ortsnamen mit den Endungen -ing oder -ham könnten chinesische Wurzeln haben: Ber-ching, Heuch-ling, Wal-ting oder Mao-am, Bir-ming-ham, West-ham. Ebenso der Name Lang-Lang des bekannten chinesischen Pianisten. Ich habe gelesen, dass die Urgroßmutter väterlicherseits von Lang-Lang eine geborene Lang aus Lang-en-zenn sein soll. Das kann aber auch ein Gerücht sein.

Heute verbindet Chinesen und Franken nicht nur die chinesische Medizin, die Akupunktur, sondern auch die chinesische Philosophie. Vor allem die Lehre von Yin und Yang. Da haben wir Franken von den Chinesen viel gelernt. Auf der anderen Seite lernen die Chinesen auch von uns, ja manchmal kaufen sie sogar unser fränkisches Know How und unsere Fabriken. Zweihundertfünfundvierzig Firmen aus Franken exportieren nach China. So die Industrie- und Handelskammer. In der neuen chinesischen Weltraumstation darf vielleicht sogar ein Franke mitfliegen. Soweit sind wir schon. Da kann man nur sagen: „Wandel durch Handel" oder wie die Chinesen sagen: „Weng tscheng wing!"

Keine Lebkuchen

Gott sei Dank kommen auch viele Chinesen und Chinesinnen gerne zu uns nach Nürnberg zur Spielwarenmesse und ins Bratwursthäusle. Auch in Rothenburg o. T. triffst du mehr Chinesen als Franken. Die Chinesen schauen sich das Rathaus an und fotografieren die Jakobskirche. Sie schauen sich das Kriminalmuseum an. Sie lächeln und fotografieren. So oft wie ein Chinese an einem Tag in Rothenburg lächelt, lacht mancher Franke das ganze Jahr nicht. Dabei gibt es auch bei uns viel zu lachen, nicht nur in Rothenburg.

Jeder hunderttausendste Chinese war schon in Rothenburg. Dagegen nur jeder hundertste Franke in China. Da gibt es einen Nachholbedarf von unserer Seite. Ein chinesischer Milliardär, übrigens ein hoher Parteifunktionär, der Tschung-Fung-Schu, wollte die Stadt Rothenburg kaufen, die historischen Gebäude abreißen und in China wieder aufbauen. Gott sei Dank hat der Stadtrat von Rothenburg das abgelehnt. Stellen Sie sich vor: Rothenburg am Jangtse, Rothenburg a. J. Ich finde, das geht zu weit.

Einen bedeutsamen Ort in Franken meiden die Chinesen vorläufig noch: den Nürnberger Christkindlesmarkt. Sie können mit Weihnachten, Engeln und „O du fröhliche..." nichts anfangen. Sie haben zwar ein Schriftzeichen für Weihnachten. Aber kein Gefühl dabei. Im letzten Dezember beobachtete ich eine Chinesin an einem Lebkuchenstand. Sie kaute lange auf dem Lebkuchen herum und spuckte ihn dann auf das Kopfsteinpflaster. Die Geschmäcker sind halt verschieden. Was bei den Chinesen jedoch gut ankommt, ist die Kombination von Städtereisen mit Shopping. Mit Hugo Boss, Joop und Rolex können sie was anfangen.

Das fränkische Tourismusbüro sollte für Chinesen „Winterreisen mit Shopping" anbieten, ohne Weihnachtslieder, ohne Engel und Lebkuchen. Das gefällt den Chinesen. Da kommen sie ganz sicher.

Chinesische Weisheiten

Nicht nur das Einkaufen verbindet uns Franken mit den Chinesen, sondern auch die alte chinesische Weisheit. Immer mehr Franken hängen sich chinesische Sprichwörter in den Hausflur, in die Küche oder ins Wohnzimmer. Bei meiner Nachbarin steht im Flur auf einem Messingschild: „Der kürzeste Weg zwischen zwei Menschen ist ein Lächeln!" Über diese Weisheit musste ich länger nachdenken. Ich gebe zu, manchmal wähle ich nicht den kürzesten Weg. In der Küche meiner Schwiegermutter steht auf einem weißen Stofftuch, sauber gestickt: „Die eine Generation baut die Straße, auf der die nächste fährt." Da bin ich durchaus skeptisch. Manchmal habe ich fast den Eindruck, dass unsere Kinder und Enkelkinder auf unseren Straßen nicht mehr fahren können. Sie zahlen die Zeche für unsere Umweltsünden. Leider. Bei einem Freund von mir steht auf seiner Schreibunterlage die alte Weisheit: „Wenn du deiner Herrin die Wahrheit sagst, brauchst du ein schnelles Pferd." Mein Freund fährt einen Porsche mit 280 PS. Da kann er schnell abhauen, wenn die Wahrheit gefährlich wird.

Heute ist in China die Wahrheit durchaus gefährlich. Die kommunistische Partei hat überall ihre Spitzel. Wenn da einer gegen Korruption protestiert oder für Tibet demonstriert, dann braucht er ein schnelles Pferd. Ein sehr, sehr schnelles Pferd. Leider gibt es so viele sehr, sehr schnelle Pferde gar nicht. Deshalb landen manche Bürgerrechtler im Gefängnis. Da sieht man, dass auch in China Weisheit und Wirklichkeit noch etwas auseinander liegen.

Wenn das nächste Mal eine fränkische Delegation nach Peking fährt, könnte sie in der „Halle des himmlischen Friedens" das Lied singen „Die Gedanken sind frei, keiner kann sie erschießen". Da gäbe es dann „standing ovations" von den chinesischen Studenten. Sie würden die Sänger und Sängerinnen auf den Schultern aus der „Halle des himmlischen Friedens" tragen. Wer hätte das vor 5000 Jahren gedacht?

DER KÜRZESTE WEG ...

Griechisch-fränkischer Stil

Was verbindet uns Franken mit den Griechen? Ganz klar: die Mathematik und die Philosophie. Unsere fränkische Mathematik ist international. Wir rechnen genauso wie die „Ami" und die Griechen. Da sind wir total global. In der Geometrie haben wir von den Griechen viel gelernt, zum Beispiel den Satz des Pythagoras. Sie kennen ihn: $a^2 + b^2 = c^2$.

In einem rechtwinkligen Dreieck, sagt Pythagoras, ist das Quadrat über der Hypotenuse gleich der Summe der Quadrate über den beiden Katheten. Übrigens heißt es wirklich Katheten und nicht Katheder. Jedenfalls gilt der Satz vom Pythagoras auch bei uns in Franken.

Alles fließt

Auch die Logik vom alten Aristoteles. Der Aristoteles sagt: A ist ungleich B. Das ist der Satz von der Nicht-Identität. Den haben wir glatt übernommen. Der Satz von der Nicht-Identität bedeutet zum Beispiel: Der Stuhl kann nicht gleichzeitig ein Tisch sein. Das ist klar. Der Satz von der Identität dagegen sagt: A ist gleich A, das heißt A ist und bleibt A. Etwas, das ist, kann nicht gleichzeitig nicht sein. Da wird es schon schwieriger. Manches A wird bei uns in Franken zum Ä oder zu Äha. Bei uns in Franken ist die Identität mehr im Fluss. Da sind wir näher bei Heraklit: Alles fließt. Bei uns fließt es. Das Leben ist im Fluss. Ich fließe. Du fließt. Wir fließen dahin.

Im Sport haben wir von den Griechen viel übernommen: die Olympischen Spiele, den griechisch-
römischen Stil und den Marathonlauf. Auch in der
Medizin haben wir von den Griechen viel gelernt:
die Anamnese, den Katheder, die Biopsie, die Blas-
phemie und das Plasma. Unsere Medikamente ho-
len wir in der Apotheke und nicht beim Aldi. Und
eine Hypothek ist für uns kein Sakrileg.

Griechische Gastfreundschaft

Apropos Hypothek. Ich finde es richtig, dass die
Europäische Union den Griechen hilft. Auch wenn
es nicht leicht ist, ihnen zu helfen. Bei einer Volks-
abstimmung in Franken würden mindestens 70
Prozent für die Unterstützung der Griechen stim-
men. In Fürth sogar 85 Prozent. Fürth pflegt seit
Jahren eine Partnerschaft mit der griechischen
Stadt Xylokastro. Die Stadt heißt wirklich so. Sie
liegt zwischen Patras und Athen. Ein Stadtrat von
Fürth, der Peter Winnerlein, war da in Urlaub.
Abends ging er öfter in die „Taverna Magica" zum
Angelos. Der Wirt war Stadtrat in Xylokastro und
erzählte oft von den Finanzproblemen seiner Stadt.
Der Winnerleins Peter outete sich dann auch als
Stadtrat. Er fädelte die Partnerschaft ein. Inzwi-
schen leisten Finanzbeamte aus Fürth Amtshilfe in
Xylokastro. Die Kinder vom Heinrich-Schliemann-
Gymnasium packen Carepakete für die Schüler
und Schülerinnen in Xylokastro. Ich finde gut, dass
für die Fürther diese Partnerschaft nicht nur auf
dem Papier steht.

Schon wieder mein Handy: „Ja, hm, hm. So, so, so.
O-o-o. Hm!" Das war der Oberbürgermeister Jung

aus Fürth. Er bestreitet, dass die Partnerschaft von einem Stadtrat eingefädelt wurde. Er selbst habe die Partnerschaft mit Xylokastro eingefädelt. Und noch eine gute Nachricht vom Oberbürgermeister: Greuther Fürth bestreiten in der Winterpause ein Benefizspiel gegen Panathinaikos Xylokastro. Das Geld wird für neue Schulbücher und die defekte Heizung im Gymnasium verwendet.

Ich selber habe nur gute Erinnerungen an Griechenland. Auf Samos sind wir oft mit unseren Kindern gewandert. Einmal kam uns da ein Grieche mit seinem Esel entgegen. Unsere Tochter wollte den Esel unbedingt streicheln. Da stieg der Grieche ab, hob unsere Tochter auf den Eselsrücken und führte uns zu einem Olivenbaum. Er gab uns einige Oliven und lud uns zum Essen ein. So gastfreundlich sind die Griechen.

Übrigens heiraten immer mehr Griechen eine Fränkin und immer mehr Franken Griechinnen, zum Beispiel der Stefanos aus Xylokastro die Helga aus Fürth, der Dimitrios aus Patras die Martha aus Altdorf und die Uschi aus Kulmbach den Alexis aus Saloniki. Ich bin froh, dass die Uschi immer noch mit dem Alexis zusammen ist. Der Alexis ist der Chef von Mercedes in Griechenland. Vor zwei Jahren hat er uns sehr geholfen. Damals besuchten wir nach Ostern die Klöster auf dem Athos. Ein tolles Erlebnis. Als wir mit dem Schiff zurück wollten, bekamen wir Probleme. Der Schiffsverkehr wurde wegen Sturm und meterhohen Wellen eingestellt. Wir saßen auf dem Athos fest. Ein Anruf bei Alexis in Saloniki genügte. Er schickte sofort ein U-Boot der griechischen Marine, made in Germany, zum Athos. Wir legten unsere Taucheranzüge und die Sauerstoff-Flaschen an und tauchten zu dem U-Boot hin. Im U-Boot war es sehr eng. Aber in nur fünf Minuten waren wir um den Athos herum getaucht und im Hafen von Saloniki eingelaufen. Der Alexis empfing uns mit seinem Mercedes und lud uns in sein Landhaus zum Essen ein. Anschließend chauffierte er uns persönlich zum Flughafen. Unglaublich, diese Hilfsbereitschaft.

Hilfsbereite Griechen

Apropos Hilfsbereitschaft. Die Griechen helfen seit Jahrzehnten in Deutschland aus: die Antigone im Theater, der Costa Cordalis im Dschungelcamp, der Angelos Charisteas beim 1. FCN und die Nana Mouskouri in der Hitparade. Die Nana Mouskouri sang schon vor fünfundzwanzig Jahren: „Zehn Milliarden für Athen, brauchen wir, sonst sind wir pleite. Zehn Milliarden für Athen, ach, das wär so wunderschön!" Das waren damals noch D-Mark. So ändern sich die Zeiten. Vor fünf Jahren schickten die Griechen Nana Mouskouri wieder nach Brüssel zum Vorsingen: „Zehn Milliarden für Athen...", da waren es dann schon Euro. Ein Horror. Inzwischen ist der Horror auf die ganze EU übergesprungen. Horror in Rom. Horror in Madrid. Horror in Paris. Halb Europa gehört, meiner Meinung nach, auf die Couch. Aber das können die Krankenkassen nicht bezahlen. Da müsste ein neuer Rettungsschirm aufgespannt werden. Deshalb wird sich nicht viel ändern.

Mich interessiert, was Sokrates und Aristoteles zum Horror in Europa sagen würden. Sokrates würde uns wahrscheinlich zusammenstauchen: „Ich wusste, dass ich nichts weiß. Aber ihr wisst weniger als nichts, nämlich überhaupt nichts!" Aristoteles würde sich wahrscheinlich im Grab umdrehen und schimpfen: „Ich habe euch die Logik beigebracht und die Ethik. Aber ihr stellt alles auf den Kopf. O, ihr Kinder der Finsternis, weicht von meinem Grab." Wir können nur hoffen, dass der Rettungsschirm den Griechen und uns hilft. Wenn nicht, geht das Leben auch weiter und die weißen Rosen grüßen trotzdem aus Athen.

Unsere Streitkultur

Vor zwei Jahren fand in Ansbach der „Kongress für fränkische Streitkultur" statt. Wissenschaftler, Wissenschaftlerinnen, Lehrer, Lehrerinnen, Politiker und Politikerinnen waren da vertreten. Die „Nürnberger Nachrichten" sprachen damals von einem echten Durchbruch in der fränkischen Kommunikation. Der Prof. Dr. Dieter Döderlein aus Dietenhofen hielt das Hauptreferat. Er wurde sogar für den Friedenspreis des fränkischen Buchhandels vorgeschlagen.

Fünf fränkische Kommunikationsregeln stellte er vor. Nach jahrelangen Forschungen fand er heraus, dass sich die meisten Franken wirklich daran halten.

Die erste Regel:

Wir sagen immer gleich, was wir denken

Wenn uns Franken etwas stört, sprechen wir das heute sofort aus. Früher, so Prof. Dr. Dieter Döderlein in seinem Vortrag, sagten die Franken lange nichts, wenn sie etwas störte. Sie warteten so lange, bis ihnen der Kragen platzte. So verhält sich heute kein Franke mehr. Wenn der Franke zum Beispiel merkt, dass seine Frau ihn ärgert, sagt er gleich: „Schatz, ich muss mit dir reden!" Sie setzen sich zusammen. Die Frau hört zu und unterbricht nicht, auch wenn es ihr schwer fällt. Wenn ihr Mann ausgeredet hat, sagt sie: „Danke, Schatz, dass du so offen mir mit sprichst!" Stellen Sie sich den Fortschritt vor. Früher, da herrschte oft eisiges

Schweigen. Tagelang haben er und sie geglotzt, ohne miteinander zu sprechen. Diese erste Regel ist wirklich ein Quantensprung in der fränkischen Kommunikation.

Die zweite Regel:

Wir zeigen immer viel Verständnis

Bei seiner Power-Point-Präsentation meinte der Prof. Dr. Dieter Döderlein, dass dieses Verhalten für uns Franken durchaus neu sei. Von Natur aus neigt der Franke zum Motzen. Nur der „Hm-Typ" nicht. Das hängt wahrscheinlich mit der Evolution zusammen. Die Jäger und die Sammler, nicht die Angler, wurden oft angegriffen. Da mussten sie sich natürlich verteidigen. Wenn heute jedoch die Fränkin in einem Streitgespräch sagt: „Ich kann verstehen, dass du dich ärgerst" oder: „ So wie du das siehst, habe ich das noch gar nicht gesehen", dann entsteht ein positives Gesprächsklima. Da wird es auf einmal hell und freundlich. Erst recht, wenn die Fränkin und der Franke sich dabei anlächeln.

Dritte Regel:

Wir tragen keine Fehler nach

Wir Franken und Fränkinnen wissen, dass wir selber Fehler machen. Deshalb tragen wir anderen keine Fehler nach. Der Prof. Dr. Dieter Döderlein erläuterte das an einem Fallbeispiel. Er fragte: „Was folgt, wenn der Franke immer wieder Fehler seiner Frau aufzählt? – Das führt zu überhaupt nichts", meinte er, weil dann die Fränkin ihrerseits die Fehler ihres Mannes von gestern und vorgestern aufzählen würde. Neue Studien beweisen, dass immer mehr Franken immer öfter Fehler verzeihen. Als der Dr. Dieter Döderlein das sagte, sind alle Zuhörer und Zuhörerinnen in der Orangerie in Ansbach aufgestanden und haben eine Viertelstunde Beifall geklatscht. Einige hatte sogar Tränen in den Augen. Ich bekam eine richtige Gänsehaut.

Die vierte Regel:

Wir Franken loben immer öfter

Der Dr. Dieter Döderlein sprach auch offen über Defizite in der fränkischen Kommunikation. Er meinte, die Franken und die Fränkinnen loben zurzeit noch etwas zu wenig. Allerdings haben die Männer da deutliche Fortschritte gemacht. Jüngste Forschungen beweisen das eindeutig. Wenn früher zum Beispiel die Fränkin begeistert ihr neues Kleid zeigte, dann schaute der Franke fast nicht hin. Im

besten Fall sagte er kurz „Hm" oder „Bassd schon!" Heute jedoch, wenn die Fränkin ihrem Mann das neue Kleid zeigt, schaut er seine Frau lange an und sagt: „Wunderbar, das neue Kleid, aber noch besser gefällt mir, dass du da drin steckst!" Es ist eine Wende um 180 Grad. Inzwischen kommen Forscher aus der ganzen Welt zu uns, sogar aus Frankreich und China, und wollen unsere neue Lobkultur kennenlernen. Wer hätte das vor einhundert Jahren gedacht!

Die fünfte Regel:

Wir werden immer freundlicher

Für den Dr. Dieter Döderlein aus Dietenhofen gibt es da gar keinen Zweifel. Er beobachtete hundert fränkische Verkäuferinnen mit versteckter Kamera über ein Jahr. Er stellte fest, dass sie auf der Freundlichkeitsskala Spitzenwerte erzielen. Sie sagen: „Bitte" und „Danke" und wünschen, wenn du am Samstag einkaufst, „ein schönes Wochenende". Manche Verkäuferinnen sprechen die Kunden sogar mit dem Namen an. Stellen Sie sich das vor!

Die Studien belegen außerdem, dass die Verwaltung immer freundlicher wird. Wenn der Kunde anruft und es ist belegt, dann sagt eine freundliche Stimme: „Bitte warten", dann wird Musik eingespielt, wunderbare Musik. Der Triumphmarsch aus Aida oder das Largo von Händel. Letzte Woche habe ich da fast eine Stunde Musik hören dürfen. Wunderbar.

Die Studien vom Dr. Dieter Döderlein aus Dietenhofen sind wirklich eine echte Sensation. Für mich war der Kongress in Ansbach ein unvergessliches

Erlebnis. Schade, dass Sie nicht dabei waren. Seit dem Kongress ist in Franken nichts mehr so, wie es früher war. Die Leute zeigen immer viel Verständnis; sie tragen keine Fehler nach; sie loben öfter und werden immer freundlicher. Sicher sinken im nächsten Jahr in Franken die Scheidungszahlen und die Polizisten sind arbeitslos. Ich hätte nicht gedacht, dass ich das noch erleben darf.

Karl-Heinz Röhlin – Herbert Küfner

Fränggische Weihnachd
Di allerschennsde Gschichd der Weld

Die Weihnachtsgeschichte in fränkischen Dialektversen und dazu ausdrucksstarke Bilder, die ihre eigenen Geschichten erzählen, das Allzubekannte in einer neuen Sichtweise erscheinen lassen. Zwei evangelischen Pfarrern aus Franken gelingt eine außergewöhnliche Annäherung an das Geheimnis der Menschwerdung Gottes, abseits von Volkstümelei und Kitschbildern.

Format 24×22 cm; 44 Seiten, 16 großformatige Farbbilder; Hardcover; wek-Verlag Walter E. Keller, Treuchtlingen–Berlin; ISBN 978-3-934145-72-6; 16,80 Euro

Karl-Heinz Röhlin

Mier Franggn sän wäi mier sän
vom Adam Riese bis zon Morlocks Max

Franken haben in Kultur, Wirtschaft, Wissenschaft und Sport Vorbildliches geleistet. Die Gedanken zu Adam Riese, Max Morlock oder dem „Em-Be-Drei-Bläier" rufen das in Erinnerung. Selbstverständlich wissen die Franken auch um ihre liebenswerten kleinen Defizite. Und da „der Franke" entweder als Mann oder Frau in Erscheinung tritt, ist diesem spannungsvollen Miteinander ein Kapitel gewidmet, das in die Erkenntnis mündet: „Des Vurbild fier an Franggn konn blouß a Fränggin sei."

Format 12x20 cm, 124 Seiten mit Illustrationen von Klaus Müller; Paperback; wek-Verlag Treuchtlingen–Berlin; ISBN 978-3-934145-79-5; 9.80 Euro

wek-Verlag
Treuchtlingen–Berlin